新时代

全面增强执政本领
干部必读

本书编写组 编

人民出版社
研究出版社

导　言

习近平总书记在十九大报告中把“全面增强执政本领”作为全面从严治党的一项重要内容进行了专门论述，把增强执政本领提高到前所未有的高度，强调“领导十三亿多人的社会主义大国，我们党既要政治过硬，也要本领高强”。新时代全面增强执政本领，是站在推进中国特色社会主义伟大事业高度，对提高党的执政能力和领导水平提出的新要求。习近平全面增强执政本领思想，是对新时代执政党建设理论的丰富和发展，是加强党的建设、提升国家治理能力和治理体系现代化、实现我们党长期执政的行动指南。对此，我们要加以深刻领会和把握。

全面增强执政本领是实现“两个一百年”的奋斗目标、实现中华民族伟大复兴中国梦的客观需要。办好中国的事情关键在党，推进中国特色社会主义事业、实现中华民族伟大梦想、进行具有新的历史特点的伟大斗争，需要我们党和全国人民一起，进行艰苦努力。习近平总书记指出：“全党同志特别是各级领导干部，都要有本领不够的危机感，都要努力增强本领，都要一刻不停地增强本领。只有全党本领不断增强了，‘两个一百年’的奋斗目标才能实现，中华民族伟大复兴的‘中国梦’才能梦想成真。”全面增强执政本领是新时代继续提高党的执政能力和执政水平的重要方面，是深入推进党的建设新的伟大工程的重要内容。

全面增强执政本领是我们党应对新时代新挑战的必然要求。当前，国内外形势正在发生深刻而复杂的变化，我国发展仍处于重要战略机遇期，既要对前途有信心，又要对面临的调整和困难有清晰的认识。目前，国际局势正发生新的深刻变化。和平与发展仍是当今时代的主题，但整个世界处在大变动之中，天下并不安宁。世界面临的不稳定性不确定性突出，世界经济增长动能不足，贫富分化日益严重，地区热点问题此起彼伏，恐怖主义、网络安全、重大传染性疾病、气候变化等非传统安全威胁持续蔓延，人类面临许多共同挑战。这些对我们党应对国际局势和处理国际事务的能力提出了新的更高的要求。从国内来看，改革发展正处在关键时期。我国社会的主要矛盾也发生了历史性变化，转化为人民日益增长的美好生活需要和不平衡不充分的发展之间的矛盾。同时，在政治、经济、文化、社会等领域和自然界出现的诸多困难和挑战，也对我们党的执政本领提出了新的更高的要求。

全面增强执政本领是应对能力不足的必然要求。中国特色社会主义进入新时代，意味着我们党的执政环境发生了翻天覆地的变化。对于执政党来说，就需要坚持与时俱进，不断提高自身的执政能力。现实中，党仍然面临能力不足的危险，党在新时代执政，仍然面临着执政、改革开放、市场经济、外部环境等考验，面临着精神懈怠、能力不足、脱离群众、消极腐败等危险。全面增强执政本领是新时代继续提高党的执政能力和执政水平的重要方面，是深入推进党的建设新的伟大工程的重要内容，是“办好中国事情”的重要保证。

党的十九大报告从八个方面对“全面增强执政本领”作出了具体要求。增强学习本领，要在全党营造善于学习、勇于实践的浓厚氛围，建设马克思主义学习型政党，推动建设学习大国，要坚持用习近平新时代中国特色社会主义思想武装头脑、指导实践、推动工作，全面、系统、富有探索精神地学习，既要把学到的知识运用于实践，又要在实践中增长解决问题的新本领。增强政治领导本领，就是要不断提高把方向、谋大局、定政策、促改革的能力，提高保持政治定力、驾驭政治局面、防范政治风险的能力，要科学制定并坚决执行党的路线方针政策，把总揽全局、协调各方落到实处。增强改革创新本领就是要进一步解放思想、与时俱进，做到登高望远、居安思危，勇于变革、勇于创新、永不僵化、永不停滞；善于结合实际创造性推动工作，加强调查研究，坚持问题导向，精准施策发力，确保中央决策部署落地生根、开花结果；善于运用互联网技术和信息化手段开展工作，真正过好互联网这一关，不断提高信息化条件下党的执政能力和领导水平。增强科学发展本领，就是要坚定不移贯彻创新、协调、绿色、开放、共享的发展理念，统筹推进“五位一体”总体布局，协调推进“四个全面”战略布局，不断增强我国经济创新力和竞争力，不断开创发展新局面。增强依法执政本领，就是要把党的领导贯彻落实到依法治国全过程和各方面，运用法治思维和法治理念解决工作中遇到的问题，坚持依法治国、依法执政、依法行政共同推进，坚持法治国家、法治政府、法治社会一体建设，坚持依法治国和以德治国相结合，依法治国和依规治党有机统一。增强群众工作本领，就是要创新群众工作体制机制和方式方法，把党的主张变为群众的自觉行动，组织动员广大人民群众坚定不移跟党走，就是要加强和改进党对群团工作的领导，推动工会、共青团、妇联等群团组织增强政治性、先进性、群众性，发挥联系群众的桥梁和纽带作用。增强狠抓落实本领，就是要坚持说实话、谋实事、出实招，把雷厉风行和久久为功有机结合起来，勇于攻坚克难，以钉钉子精神做实做细做好各项工作。增强驾驭风险本领，就是要健全各方面风险防控机制，善于处理各种复杂矛盾，勇于战胜前进路上的各种艰难险阻，牢牢把握工作主动权。

习近平总书记指出：“中国共产党人依靠学习走到今天，也必然要依靠学习走向未来”。增强执政本领，要从学习开始。对领导干部来说，学习与否不仅仅是自己的私事，本领大小也不仅仅是个人的小事，而是关乎党和国家事业发展的大事。中国特色社会主义进入了新时代，我们面临的形势和任务决定我们今天学习的任务不是轻了而是更重了。加强学习是增强本领的前提和根本途径，唯有如此，才能增强工作的科学性、预见性、主动性，才能使领导和决策体现时代性、把握规律性、富于创造性，才能克服本领不足、本领恐慌、本领落后的问题。好学才能上进。我们的干部要上进，我们的党要上进，我们的国家要上进，我们的民族要上进，就必须大兴学习之风，坚持学习、学习、再学习。

实践锻炼是提高各级领导干部执政能力的根本途径。知识要转化为能力，就必须躬身实践。全面增强党的执政本领，既要善于学习，也要勇于实践。实践是检验领导干部才能的舞台，也是增强领导干部执政本领最直接最有效的办法。十九大报告提出的八种执政本领中，有七种本领属于实践范畴。我们要正确把握学习、实践和增强本领三者之间的辩证关系，弘扬马克思主义优良学风，密切联系实际，积极投身实践，坚持学习与思考相结合、学习与运用相结合、学习与创新相结合；要善于运用党的科学理论和路线、方针、政策指导实践，分析解决实践中出现的新情况、新问题，唯有如此，才能真正全面增强执政本领，才能肩负起推进中国特色社会主义伟大事业的光荣使命。

目　录

第一章　建设学习大国　增强学习本领

学习是事业进步的阶梯。面对新时代新使命，必须在全党营造善于学习、勇于实践的浓厚氛围，建设马克思主义学习型政党，推动建设学习大国。全党同志要坚持用习近平新时代中国特色社会主义思想武装头脑、指导实践、推动工作，全面、系统、富有探索精神地学习，既把学到的知识运用于实践，又在实践中增长解决问题的新本领。

一、增强学习本领的重要意义

中国共产党是马克思主义执政党，是中国特色社会主义事业的领导力量，它团结带领中国人民进行革命、建设和改革并取得了辉煌成就，尤其是党的十八大以来的五年，成就是全方位的、开创性的，变革是深层次的、根本性的。党的十九大报告指出："领导十三亿多人的社会主义大国，我们党既要政治过硬，也要本领高强。"① 本领高强的第一个核

① 习近平：《决胜全面建成小康社会　夺取新时代中国特色社会主义伟大胜利——在中国共产党第十九次全国代表大会上的报告》，人民出版社 2017 年版，第 68 页。

心意涵就是要学习本领高强，学习本领关系着我们党的解放思想、实事求是、与时俱进、求真务实，关系着马克思主义学习型政党的建设与发展。

（一）马克思、恩格斯和列宁关于增强学习本领的思想

马克思主义经典作家的学习思想和方法为我们增强学习本领作出了榜样。马克思、恩格斯强调改造客观世界与主观世界相结合的学习思想，崇尚理论探索与实践检验相结合的学习方法，他们曾指出："哲学家们只是用不同的方式解释世界，而问题在于改变世界。"[①] "人的思维是否具有客观的真理性，这不是一个理论的问题，而是一个实践的问题。人应该在实践中证明自己思维的真理性，即自己思维的现实性和力量，自己思维的此岸性。"[②] 马克思、恩格斯通过系统地学习和继承前人的知识理论得出了自己的学习思想和方法，那就是要坚持理论与实践相结合的学习观。

列宁是马克思主义的继承者、发展者，更是马克思主义的实践者，他成功领导俄国十月革命并建立世界上第一个社会主义国家。列宁在继承和发展马克思主义的同时也形成了自己关于学习的思想，他首先强调学习的目的性"只有用人

① 马克思、恩格斯：《马克思恩格斯选集》第 1 卷，人民出版社 2012 年版，第 136 页。

② 马克思、恩格斯：《马克思恩格斯选集》第 1 卷，人民出版社 2012 年版，第 134 页。

类创造的全部知识财富来丰富自己的头脑，才能成为共产主义者[①]”。“为了革新我们的国家机关，我们一定要给自己提出这样的任务：第一是学习，第二是学习，第三还是学习，然后要检查，使我们学到的东西真正深入血肉，真正地完全地成为生活的组成部分，而不是学而不用，或只会讲些时髦的词句（毋庸讳言，这种现象在我们这里是特别常见的）。”[②] 通过这些经典的论述，我们不难看出列宁对于学习的重视程度，体现了一位马克思主义者的学习精神。

（二）中国共产党人关于增强学习本领的思想

中华民族有着源远流长的学习传统，创造了灿烂辉煌的中华文明，开放和包容的中华文明就是依靠中国人民重视学习才得以延续和发展，没有学习就没有继承，没有学习就没有进步，没有学习就没有未来。中国共产党就是在学习的过程中建立的，也是在学习中发展的，更是在学习中壮大的，党团结带领中国人民进行的革命、建设和改革事业中的每一阶段都能反映这样一条基本的经验。中国共产党自成立之日起就是一个学习型政党，在不同的历史时期，党的领导集体都对建设学习型政党

---

① 《列宁专题文集：论无产阶级政党》，人民出版社 2009 年版，第 282 页。

② 《列宁选集》第 4 卷，人民出版社 1995 年版，第 786 页。

进行了不懈探索，作出了历史性贡献。

以毛泽东为代表的中国共产党人是我党建设学习型政党的开创者、实践者和推进者。毛泽东思想是马克思主义基本原理与中国革命具体实践相结合的产物，是马克思主义中国化的第一个重大理论成果，其中关于学习的思想是毛泽东思想的一个重要方面。抗战时期，毛泽东指出："我们队伍里边有一种恐慌，不是经济恐慌，也不是政治恐慌，而是本领恐慌。"[①] 这种本领恐慌就是缺乏学习带来的，接下来他说："过去学的本领只有一点点，今天用一些，明天用一些，渐渐告罄了。好像一个铺子，本来东西不多，一卖就完，空空如也，再开下去就不成了，再开就一定要进货。我们干部的'进货'，就是学习本领，这是我们许多干部所迫切需要的。"[②] 毛泽东明确指出，学习本领是我们党的许多干部迫切需要的，因为我们要建设大党，要领导革命，因此"无论党、政、军、民、学的干部，都要增加知识，才能把工作做得更好"。[③] 他还指出："我们要建设大党，我们的干部非学习不可。学习是我们注重的工作，特别是干部同志，学习的需要更加迫切，如果不学习，就不能领导工作，不能改善工作与建设大党。这领导工作、改善工作与建设大党，便是我

① 《毛泽东文集》第二卷，人民出版社 1993 年版，第 178 页。
② 《毛泽东文集》第二卷，人民出版社 1993 年版，第 178 页。
③ 《毛泽东文集》第二卷，人民出版社 1993 年版，第 178 页。

们学习运动的直接原因。”① 毛泽东强调，共产党“要领导革命就必须学习”，克服自身的本领恐慌，增强学习本领是唯一途径，毛泽东这些论述在当前新形势下同样适用。后来，在面对新中国成立不久的繁重建设任务时，毛泽东还告诫全党同志“情况是在不断变化，要使自己的思想适应新的情况就得学习。即使是对马克思主义已经了解得比较多的人，无产阶级立场比较坚定的人，也还是要再学习，要接受新事物，要研究新问题”。“要把一个落后的农业的中国改变成为一个先进的工业化的中国，我们面前的工作是很艰苦的，我们的经验是很不够的。因此，必须善于学习。”“必须学会自己不懂的东西。”② 当然，毛泽东思想中关于学习的观点还有许多重要内容值得我们学习和思考，在新时代新形势下对我们今后的工作和事业都有很强的指导意义，需要我们继续不断深入学习，领悟其内涵、掌握其核心、运用其精髓，以便把各项方面工作做得更好。

以邓小平为主要代表的中国共产党人是我党建设学习型政党的继承者和发展者。中国共产党关于建设学习型政党的思想在以邓小平为核心的中央领导集体执政时期得到了丰富和发展，这在邓小平很多重要论述都有所体现。邓小平以其改革开放总设计师的深邃眼光，创造性地提出了一系列关于

① 《毛泽东文集》第二卷，人民出版社 1993 年版，第 179 页。
② 《毛泽东文集》第七卷，人民出版社 1999 年版，第 117 页。

学习的思想。针对新中国成立后我党面临的从革命到执政的重大考验，邓小平明确指出："要把学习搞好，认真建立学习制度。要加强对学习的领导。""学习可以使我们向前看，可以澄清各种混乱的思想。"[①] 众所周知，"大跃进"和"人民公社化"运动给社会主义建设造成了严重挫折和困难，这个时候邓小平警告说："我们忙于事务，不注意学习，容易陷入庸俗的事务主义中去。不注意学习，忙于事务，思想就容易庸俗化。如果说要变质，那末思想的庸俗化就是一个危险的起点。我们还是要造成一种学习的空气，学习理论的空气，学习实际的空气。"[②] 党的十一届三中全会之后，党领导人民走出了"左"倾错误的阴霾，结束了"文化大革命"，开始进入以经济建设为中心的现代化建设时期，并开创了中国特色社会主义的伟大事业。在这个关键的时刻，邓小平指出："实现四个现代化是一场深刻的伟大的革命。在这场伟大的革命中，我们是在不断地解决新的矛盾中前进的。因此，全党同志一定要善于学习，善于重新学习。"[③] 改革开放的伟大决策促进中国共产党人必须重新进行一次学习，因为"文化大革命"中断了我们的学习建设的本领，现在搞四个现代化建设，推进经济

① 《邓小平文选》第一卷，人民出版社 1994 年版，第 160 页。
② 《邓小平文选》第一卷，人民出版社 1994 年版，第 316 页。
③ 《邓小平文选》第二卷，人民出版社 1994 年版，第 152—153 页。

体制改革创新，教育、科技、文化、管理和政治等各个方面体制都要改革创新，而推动这种改革创新的领导力量就是中国共产党，我们共产党人就必须重新进行一次学习。邓小平指出："在不断出现的新问题面前，我们党总是要学，我们共产党总是要学，我们中国人民总是要学。谁也不能安于落后，落后就不能生存。"[①] 邓小平在长期的革命和建设实践中，通过认真总结党的历史上关于学习的正反两方面的经验教训，在继承和发扬党的理论联系实际的优良学风的基础上强调指出："学马列要精，要管用。"这个"精"就是要求我们要学习马克思主义经典著作的原著，并且做到更加全面准确地理解马克思主义，重在把握马克思主义的精华和要义，掌握马克思主义的基本立场、观点和方法。同时，邓小平还强调学习不能仅停留在学的层面，而是要把学习同实践、理论同实践紧密结合起来，这是他结合自身长期的革命实践和建设实践得到的重要认识。学习的目的在于应用，学习是为了更好地运用马克思主义的立场、观点和方法去解决实际工作中出现的实际问题，使得自己的工作更加具有前瞻性、系统性和实效性。

以江泽民为主要代表的中国共产党人把我党建设学习型政党推向了新世纪。江泽民非常重视加强领导干部

① 《邓小平文选》第二卷，人民出版社 1994 年版，第 270 页。

的学习，多次向全党同志发出学习、学习、再学习的号召，还提出“必须以对党、对人民、对历史高度负责的态度来加强学习”。[①] 江泽民强调党员领导干部不能因为工作繁忙而放松学习，而应该抓紧一切时间，潜心钻研理论知识，要比普通党员同志更加刻苦努力地学习、更加善于学习，同时做到理论修养与实践本领相结合。面对新的世纪和日新月异的时代，不加强自身学习本领的塑造，就很难应对当前工作瞬息万变的新形势，这样我们党领导的事业就会受到影响，因此“各级领导干部，必须坚持不懈地学习、学习、再学习。加强学习的问题，我所以对领导干部和全党同志反复倡导和强调，因为它太重要了，关系党和国家全局工作，关系改革和建设事业的长远发展”。[②] 江泽民还强调指出，学习理论重要，创新理论更重要，马克思主义延续了160多年，关键在于“具有强大的生命力的奥秘，就在于它有与时俱进的理论品质[③]”。增强学习本领的同时，党员领导干部更要通过学习、实践、再学习、再实践的科学循环来推进理论、实践的创新发展。

以胡锦涛为主要代表的中国共产党人正式形成建设马克思主义学习型政党的思想。进入新世纪以来，以胡锦涛为主

---

① 《江泽民文选》第一卷，人民出版社2006年版，第245页。
② 《江泽民文选》第二卷，人民出版社2006年版，第382页。
③ 《江泽民文选》第三卷，人民出版社2006年版，第229页。

要代表的中国共产党人继承党的优良学习传统，根据新世纪新形势，结合新任务新要求，赋予中国共产党关于增强学习本领新的时代内涵，正式形成了建设马克思主义学习型政党的思想。从“学习”到“学习型”，一字之差，确是将学习提高到了常态化、制度化的政治高度，目的是为了使全体党员干部形成学习的自觉性、主动性和长期性。现在中共中央政治局集体学习的形式就产生于党的十六大之后，胡锦涛在十六届中央政治局第一次集体学习时强调：“各级领导干部必须明白，现在社会各个方面的发展日新月异，人民群众的实践创造丰富多彩，不学习、不坚持学习、不刻苦学习，势必会落伍，势必难以胜任我们所肩负的重要责任，要做合格的领导者和管理者，必须加强学习，努力用人类社会创造的丰富知识来充实自己。”①

党的十九大报告指出：“五年来，我们党以巨大的政治勇气和强烈的责任担当，提出了一系列新理念新思想新战略，出台了一系列重大方针政策，推出了一系列重大举措，推进了一系列重大工作，解决了许多长期想解决而没有解决的难题，办成了许多过去想办而没办成的大事，推动党和国家事业发生历史性变革。”② 党的十八以来世情和国情发展

---

① 《加强领导干部学习　提高执政兴国本领》《人民日报》，2002 年 12 月 27 日。

② 习近平：《决胜全面建成小康社会　夺取新时代中国特色社会主义伟大胜利——在中国共产党第十九次全国代表大会上的报告》，人民出版社 2017 年版，第 8 页。

变化很快，新情况新问题新事物层出不穷，在我们遇到的问题中大部分是新出现的问题。要认识好、解决好这些问题，唯一的途径就是增强我们自己的本领。“只有加强学习，才能增强工作的科学性、预见性、主动性，才能使领导和决策体现时代性、把握规律性、富于创造性，避免陷入少知而迷、不知而盲、无知而乱的困境，才能克服本领不足、本领恐慌、本领落后的问题。”① 为了克服本领恐慌，也为了实现本领高强，我们必须切实增强学习本领。正如习近平总书记所强调：“中国共产党人依靠学习走到今天，也必然要依靠学习走向未来。我们的干部要上进，我们的党要上进，我们的国家要上进，我们的民族要上进，就必须大兴学习之风，坚持学习、学习、再学习，坚持实践、实践、再实践。”② 我们党历来重视全党同志特别是领导干部的学习，在每一个重大转折时期，面对新时代新形势新任务，我们党总是号召全党同志加强学习，每一次这样的学习热潮都能够推动党和国家事业实现大发展大进步大繁荣。

二、新时代增强学习本领的新要求

党的十九大报告明确提出全面增强执政本领，这其中第

① 《习近平总书记系列重要讲话读本》，学习出版社 2016 年版，第 294 页。

② 《习近平总书记系列重要讲话读本》，学习出版社 2016 年版，第 296 页。

一个要求是："要增强学习本领，在全党营造善于学习、勇于实践的浓厚氛围，建设马克思主义学习型政党，推动建设学习大国。"① 当前和今后一个时期，切实学懂弄通做实党的十九大精神是全党全国全军首要的政治任务。习近平总书记在党的第十九届中央政治局的第一次集体学习时指出，贯彻落实党的十九大精神，在新时代坚持和发展中国特色社会主义，要求全党来一个大学习。

（一）认真学习党的十九大精神，推进马克思主义学习型政党建设

新时代新形势下增强学习本领，首先要认真学习党的十九大精神。党的十九大在政治上、理论上、实践上取得了一系列重大成果，在新时代坚持和发展中国特色社会主义的一系列重大理论和实践问题上阐明了政策和方针，在推进党和国家各方面工作上制定了战略部署，是我们党在新时代开启新征程、续写新篇章、取得新胜利的政治宣言和行动纲领，值得党员领导干部认真学习。

学习党的十九大精神，就是要学好习近平新时代中国特色社会主义思想。习近平新时代中国特色社会主义思想从理论和实践的结合上回答了新时代坚持和发展什么样的中国特

---

① 习近平：《决胜全面建成小康社会　夺取新时代中国特色社会主义伟大胜利——在中国共产党第十九次全国代表大会上的报告》，人民出版社 2017 年版，第 68 页。

色社会主义、怎样坚持和发展中国特色社会主义这个重大时代课题。党的十八以来的五年，我们取得的成就是全方位的、开创性的，进行的变革是深层次的、根本性的，没有对五年来党和国家事业深刻变革的认识和学习，就不会学习好理解好实践好新时代坚持和发展中国特色社会主义的总目标、总任务、总体布局、战略布局和发展方向、发展方式、发展动力、战略步骤、外部条件、政治保证等基本问题。习近平新时代中国特色社会主义思想全方位、多层次、立体化地展示了新时代新思想的丰富内涵和精神实质，是我们学习领会的关键环节和重要部分，需要我们在各项工作中全面准确贯彻落实。

学习党的十九大精神，首先应该做到用马克思主义的基本立场、观点、方法，用理论和实践、历史和现实、当前和未来相结合的方法，领会深、领会透党的十九大提出的许多新理念、新论断和确定的新任务、新举措，同时结合我国实际，遵循事情发展规律和事务发展逻辑，切实增强中国特色社会主义道路自信、理论自信、制度自信、文化自信。

（二）勇于实践党的十九大精神，引领学习大国建设

习近平总书记在党的十九大报告中强调指出，增强学习本领一方面要善于学习，一方面要勇于实践，这是增强学习本领的两个方面，相辅相成、缺一不可。党的十九大为国家

各项事业发展提出了新要求，作出了新部署，全党全国全军党员领导干部应该根据要求部署勇于实践、真抓落实，在实践中亲身示范学习成果、在实践中亲身引领学习大国建设，形成善于学习、勇于实践的良好风尚。习近平总书记在第十九届中央政治局第一次集体学习时强调："清谈误国、实干兴邦，一分部署、九分落实。要拿出实实在在的举措，一个时间节点一个时间节点往前推进，以钉钉子精神全面抓好落实。"[①] 真抓实干的落实，才是学习党的十九大精神的重要体现和关键环节，从哲学的角度讲实践就是最大的学习。

实践党的十九大精神，就是要用行动宣示学习的效果。针对如何在实践中体现学习党的十九大精神成果，习近平总书记明确指出，"中央政治局的同志要带好头，真抓实干，埋头苦干，把分管的工作抓紧抓实、抓出成效"，"党中央要统筹党的十九大提出的各项目标任务，就重大目标任务做出顶层设计和全面部署"，"全国人大、国务院、全国政协、中央军委等各有关部门和有关方面要自觉行动起来，明确属于自己职责范围内的任务，找准工作方案，排出任务表、时间表、路线图，对做好工作提出明确要求，重点是质量要求"，"各地区各部门要结合自身实际，把党中央提出的战略部署转化为本地区

① 《切实学懂弄通做实党的十九大精神　努力在新时代开启新征程续写新篇章》，《人民日报》2017 年 10 月 29 日。

本部门的工作任务”。[①] 习近平总书记的要求清晰具体，具有很强的可操作性，党员领导干部就是要在行动层面给出自己学习的实效，以保证党的十九大提出近期、中期、长期的目标任务有计划有秩序高质量地加以推进，在全国各行各业形成用行动宣示学习党的十九大精神效果的高潮，确保党中央确定的目标任务和战略部署顺利实现。

实践党的十九大精神，就是要用务实引领学习的方向。增强学习本领一则强调要善于学习，一则强调要勇于实践。党的十九大报告指出：“中华民族伟大复兴，绝不是轻轻松松、敲锣打鼓就能实现的。全党必须准备付出更为艰巨、更为艰苦的努力。”[②] 实现中华民族的伟大复兴，就要求全党同志用务实作风引领学习向实、为实，没有务实作风，增强学习本领就会变成空谈。习近平总书记在第十九届中央政治局第一次集体学习时强调：“新征程上，不可能都是平坦的大道，我们将会面对许多重大挑战、重大风险、重大阻力、重大矛盾，领导干部必须有强烈的担当精神。领导干部不仅要有担当的宽肩膀，还得有成事的真本领。”[③] 担当精神，

---

① 《切实学懂弄通做实党的十九大精神　努力在新时代开启新征程续写新篇章》，《人民日报》2017 年 10 月 29 日。

② 习近平：《决胜全面建成小康社会　夺取新时代中国特色社会主义伟大胜利——在中国共产党第十九次全国代表大会上的报告》，人民出版社 2017 年版，第 15 页。

③ 《切实学懂弄通做实党的十九大精神　努力在新时代开启新征程续写新篇章》，《人民日报》2017 年 10 月 29 日。

成事真本领，都蕴含于务实之中，务实既要求我们踏实能干，又要求我们踏实会干；既要求我们敢于直面矛盾和问题，又要求我们善于化解矛盾和问题；简而言之，务实是一架跨越从想干事、真干事到会干事、干成事的桥梁，引领着学习的正确方向。

三、增强学习本领的努力方向

在党的十九大报告中，习近平总书记强调全面增强执政本领，首先就是要增强学习本领。增强学习本领就是要求党员领导干部掌握科学的思想方法和工作方法，不断提高解决改革发展基本问题的本领，进而提升攻坚克难、化解矛盾、驾驭复杂局面的能力，更好地把中国特色社会主义事业推向前进。

党的十七届四中全会提出要把我党建设成为马克思主义学习型政党，这是党在深刻认识党的建设历史经验和新鲜经验基础上做出的战略决策。新时代党团结带领人民推进中国特色社会主义各项事业，面对世情、国情、党情的新变化，更要确实增强学习本领，建设马克思主义学习型政党，推动建设学习大国。

（一）认真学习马克思主义理论，用习近平新时代中国特色社会主义思想武装头脑

认真学习马克思主义理论，就是要学会用马克思主义的立场、观点、方法去观察、分析和解决问题，“不断补精神之钙、固思想之元、培为政之本”。[①] 中国共产党是中国工人阶级的先锋队，同时也是中国人民和中华民族的先锋队。党的先进性的重要方面，就是始终坚持把马克思主义作为党的全部工作的指导思想和理论基础。马克思主义理论的基本原理，始终是指导我国革命、建设和改革的强大思想武器，始终是中国共产党人的宝贵精神财富，始终是指引我们从一个胜利走向另一个胜利的行动指南。学习掌握运用马克思主义基本原理，是党员领导干部必备的理论修养和政治素质，是保持党员领导干部政治上坚定合格的重要标志。党员领导干部要切实提高自己的理论修养，必须坚持学习马克思主义理论，当前和今后一个时期的首要政治任务就是用习近平新时代中国特色社会主义思想武装头脑。习近平新时代中国特色社会主义思想，是对马克思列宁主义、毛泽东思想、邓小平理论、“三个代表”重要思想、科学发展观的继承和发展，是马克思主义中国化的最新成果，是党和人民实践经验和集体智慧的结晶，是中国特色社会主义理论体系的重要组

---

① 《习近平总书记系列重要讲话读本》，学习出版社 2016 年版，第 295 页。

成部分，是全党全国人民为实现中华民族伟大复兴而奋斗的行动指南，必须长期坚持并不断发展。用习近平新时代中国特色社会主义思想武装头脑，一要明确坚持和发展中国特色社会主义的总任务；二要明确新时代我国社会主要矛盾是人民日益增长的美好生活需要和不平衡不充分的发展之间的矛盾；三要明确中国特色社会主义事业总体布局是“五位一体”、战略布局是“四个全面”；四要明确全面深化改革总目标是完善和发展中国特色社会主义制度、推进国家治理体系和治理能力现代化；五要明确全面推进依法治国的总目标；六要明确党在新时代的强军目标；七要明确中国特色大国外交；八要明确中国特色社会主义最本质的特征是中国共产党领导；同时也要坚持党对一切工作的领导；坚持以人民为中心；坚持全面深化改革；坚持新发展理念；坚持人民当家作主；坚持全面依法治国；坚持社会主义核心价值体系；坚持在发展中保障和改善民生；坚持人与自然和谐共生；坚持总体国家安全观；坚持党对人民军队的绝对领导；坚持“一国两制”和推进祖国统一；坚持推动构建人类命运共同体；坚持全面从严治党。

（二）认真学习马克思主义理论，关键是要掌握马克思主义哲学

习近平总书记指出：“马克思主义哲学深刻揭示了客观世界特别是人类社会发展一般规律，在当今时代依然有着强

大生命力，依然是指导我们共产党人前进的强大思想武器。”① 中国共产党自成立起就高度重视从思想上建党，而思想建党十分重要的一条就是坚持用马克思主义哲学教育和武装全党，形成学哲学、用哲学的经验，就是我们党的一个好传统。习近平总书记在第十八届中央政治局第十一次集体学习时强调，党的各级领导干部特别是高级干部，要原原本本学习和研读经典著作，努力把马克思主义哲学作为自己的看家本领，坚定理想信念，坚持正确政治方向，提高战略思维能力、综合决策能力、驾驭全局能力，团结带领人民不断书写改革开放历史新篇章。实现中华民族伟大复兴的中国梦，必须不断接受马克思主义哲学智慧的滋养，其中的一个重要方面就是要更加自觉地坚持和运用辩证唯物主义世界观和方法论，增强辩证思维、战略思维能力，更好地指导党和国家各项工作。第一，学习掌握世界统一于物质、物质决定意识的原理，坚持从客观实际出发制定政策、推动工作。第二，学习掌握事物矛盾运动的基本原理，不断强化问题意识，积极面对和化解前进中遇到的矛盾。第三，学习掌握唯物辩证法的根本方法，不断增强辩证思维能力，提高驾驭复杂局面、处理复杂问题的本领。第四，学习掌握认识和实践辩证关系的原理，坚持实践第一的观点，不断推进实践基础

① 《习近平总书记系列重要讲话读本》，学习出版社 2016 年版，第 279 页。

上的理论创新。

实现中华民族伟大复兴的中国梦，必须不断接受马克思主义哲学智慧的滋养，同时要结合改革开放和社会主义现代化建设实际，学习和运用历史唯物主义。历史唯物主义是马克思主义哲学的一个重要部分，是中国共产党人的社会历史观和价值观。习近平总书记指出："历史和现实都表明，只有坚持历史唯物主义，我们才能不断把对中国特色社会主义规律的认识提高到新的水平，不断开辟当代中国马克思主义发展新境界。"[①] 第一，学习历史唯物主义，要学习和掌握社会基本矛盾分析法。生产力和生产关系的矛盾、经济基础和上层建筑的矛盾，存在于社会发展的形态之中，推动着人类发展从低级走向高级。把生产力和生产关系、经济基础和上层建筑两个矛盾运动结合起来观察，才能更加全面地把握社会基本矛盾，进而更加清楚整个社会的基本面貌和发展方向。第二，学习历史唯物主义，要学习和掌握物质生产是社会活动的基础的观点。社会主义的本质就是解放和发展生产力，消灭剥削、消除两级分化，最终实现共同富裕。社会主义的根本任务就是解放和发展生产力，因为生产力是推动社会发展进步的最活跃、最先进的力量，解决我国所面临问题的关键就在于坚持发展生产力，坚持聚精会神搞建设、一心

---

① 《习近平总书记系列重要讲话读本》，学习出版社 2016 年版，第 281 页。

一意谋发展，推动我国经济社会持续向好发展。物质生产是社会历史发展的决定性因素，但生产关系也可以反作用于生产力，上层建筑也可以反作用于经济基础。必须紧紧围绕发展是第一要务，全面推进各领域深化改革，进一步解放思想、增强社会活力，进一步解放和发展社会生产力。第三，学习历史唯物主义，要学习和掌握人民群众是历史创造者的观点。马克思主义者认为人民是历史的创造者，是推动历史前进的真正动力，是真正的英雄。我们必须坚持党的群众路线不动摇，坚持一切为了群众、一切依靠群众，从群众中来、到群众中去，这既是历史唯物主义基本原理在实际工作中的基本路线，也是我们党始终坚持的根本工作方法。

（三）坚持爱读书读好书善读书，用经典原著武装头脑

习近平总书记要求党员领导干部要增强学习本领，基本含义之一就是读书。党员领导干部要坚持爱读书、读好书、善读书，书籍是人类知识的载体，是人类智慧的结晶，是人类进步的阶梯，党员领导干部通过读书可以获取信息、增长知识、开阔视野、陶冶情操、提升思维能力，是提高自身素质、做好工作的必修课程。读书是学习的重要方式之一，读书学习是党员领导干部加强党性修养、坚定理想信念、提升精神境界的重要途径，是党员领导干部胜任领导工作的必然

要求。党员领导干部加强读书学习，也是建设马克思主义学习型政党、推动学习大国建设的需要。习近平总书记强调，在新时代条件下党员领导干部要不断提高自己、完善自己，经受住各种考验，就要坚持在读书学习中坚定理想信念、提高政治素养、锤炼道德操守、提升思想境界，坚持在读书学习中把握人生道理、领悟人生真谛、体会人生价值、实现人生追求。

读书学习要重视学习马克思主义经典著作。马克思主义经典著作是包括马克思、恩格斯、列宁、毛泽东、邓小平在内的马克思主义者的光辉著作和不朽篇章，是蕴含着经典作家汲取人类探索真理的丰富思想成果，它反映了经典作家攀登科学理论高峰的执著精神和艰辛历程。党员领导干部要正确解决我国革命、建设、改革中的具体问题，就必须向马克思主义请教、向马克思主义经典作家的著作请教，同时也必须把马克思主义基本原理同中国具体实际紧密结合起来。阅读马克思主义经典著作，就是增长知识、开阔眼界、增加思想深度和训练思维方式的过程，就是培养高瞻远瞩的战略洞察力和脚踏实地的工作作风的过程，因为马克思主义经典著作中体现着经典作家坚定的政治立场、政治信仰和献身社会主义事业的品格。

（四）读书学习要注重学习中国历史，尤其是中国近现代史和中共党史

中国历史源远流长，古老的中华文化举世闻名，中华文

明与古埃及文明、两河文明、古印度文明并称为历史最悠久的世界四大文明。党员领导干部读书学习，要注重学习中国历史。读史可以明智、知古方能鉴今，这个道理众所周知。学习中国历史就是要发扬中华民族的优良传统，就是要借鉴中国历史上的治国理政的丰富经验，就是要追求中华民族优秀的传统文化和高尚的精神。

学习鸦片战争以来的中国近现代史，关键是要加深认识近现代中国国情和中国社会发展规律。习近平总书记指出："鸦片战争后，中国陷入内忧外患的黑暗境地，中国人民经历了战乱频仍、山河破碎、民不聊生的深重苦难。"① 在这样的背景下，中国人民谋求民族独立、人民解放和国家富强、人民幸福的斗争就没有停止过，为此无数仁人志士不屈不挠、前赴后继，进行了各种各样的尝试，但终究没能改变旧中国的社会性质和中国人民的悲惨命运。1921 年中国共产党的成立开启了中国人民救亡图存斗争的崭新阶段，一代又一代中国共产党人为实现民族独立和国家富强团结带领中国人民进行了艰苦卓绝的斗争，谱写了气吞山河的壮丽诗篇。

学习中国近现代史，就要深刻认识历史和人民选择中国共产党、选择马克思主义、选择社会主义道路、选

---

① 习近平：《决胜全面建成小康社会 夺取新时代中国特色社会主义伟大胜利——在中国共产党第十九次全国代表大会上的报告》，人民出版社 2017 年版，第 13 页。

择改革开放的历史必然性，增强建设中国特色社会主义事业的“四个自信”。学习中国共产党的历史，就要把握党的历史发展的主题和主线。主流和本质，从党的光辉历程和伟大业绩中获得继往开来的强大动力，始终坚定中国特色社会主义信念和共产主义远大理想，永葆共产党人的政治本色。

（五）读书学习要坚持干什么学什么、缺什么补什么

党员领导干部是学习中央精神、贯彻党中央决策、实施中央部署，连接党的工作与群众生活的重要桥梁和关键纽带，党和国家各项工作需要党员领导干部去实际操作，同时又关系到群众经济生活的方方面面，这就需要党员领导干部在读书学习中坚持干什么学什么、缺什么补什么。党员领导干部要学习多方面的知识，包括经济、法律、科技、文化、生态、外交、军事、管理、国际和互联网等方面。领导干部的成长和进步是与岗位调整相结合的，一名优秀的领导干部往往需要经过多领域、多层次、多岗位的任职经历和工作锻炼。因此，调整知识结构，完善知识体系，是动态的发展过程，领导干部要有针对性地学习掌握做好领导工作、履行岗位职责必备的各种知识，经常阅读学习与自身工作相关的新理论、新知识、新技能、用丰富的

科学知识把自己武装起来，“不断提高知识化、专业化水平，真正成为行家里手”。①

习近平总书记强调全面增强执政本领，第一个方面就是要增强学习本领，在全党营造善于学习、勇于实践的浓厚氛围，建设马克思主义学习型政党，推动建设学习大国。增强学习本领是增强执政本领的首要方面，全党同志要坚持学习的目的全在于应用，要通过学习增强工作本领、提高解决实际问题的水平，同时要发扬理论联系实际的马克思主义学风，带着问题学，拜人民为师，做到干中学、学中干，学以致用、用以促学、学用相长，“为实现推进现代化建设、完成祖国统一、维护世界和平与促进共同发展三大历史任务，为决胜全面建成小康社会、夺取新时代中国特色社会主义伟大胜利、实现中华民族伟大复兴的中国梦、实现人民对美好生活的向往继续奋斗！”②

---

① 《习近平总书记系列重要讲话读本》，学习出版社 2016 年版，第 296 页。

② 习近平：《决胜全面建成小康社会　夺取新时代中国特色社会主义伟大胜利——在中国共产党第十九次全国代表大会上的报告》，人民出版社 2017 年版，第 71 页。

第二章　以政治建设为统领　增强政治领导本领

党的十九大报告强调，我们党领导十三亿多人的社会主义大国，既要政治过硬，也要本领高强。报告提出了要增强党的政治领导本领。提高党员领导干部的政治领导本领，最根本的就是通过党的政治建设，不断增强领导干部的党性修养，不断提高领导科学制定和坚决执行党的路线方针政策，总揽全局、协调各方，全心全意为人民服务的能力。

党的十九大报告指出，党的政治建设是党的根本建设，决定了党的建设方向和效果，要把党的政治建设摆在首位。党的十九大宣告中国特色社会主义进入新时代。当前，国内外形势正在发生深刻复杂变化，我国发展前景十分光明，但挑战也十分严峻。在新的历史条件下必须从理论和实践的结合上系统回答如何加强党的政治建设，提高党员领导干部政治领导本领的问题，以利于我们更好的坚持和发展中国特色社会主义。

一、中国共产党政治建设的历史经验

中国共产党作为一个马克思主义政党，必然以马列主义作为其指导思想。唯物主义认识论作为马克思主义哲学的重要组成部分，是我们党观察外部世界、制定大政方针的重要理论依据。

唯物主义认识论认为，实践是检验真理的唯一标准。党的政治建设的重要性是我们党在革命、建设、改革时期的实践中被充分证明了的。实践证明：哪个时期党的政治建设抓得好，党的事业就兴旺发达，蒸蒸日上；哪个时期淡化、弱化党的政治建设，党的事业就会出现挫折和危机。我们党之所以能够带领全国各族人民披荆斩棘，推翻帝国主义、封建主义、官僚资本主义三座大山，实现民族独立、人民解放、国家统一、社会稳定，从而进行伟大的社会主义建设；在新时期团结带领人民进行改革开放新的伟大革命，开辟中国特色社会主义道路；在新时代全面深化改革，不断克服前进道路上的困难，这和我们党始终把加强党的政治建设放在相当重要的位置是分不开的。

党的十九大报告指出，经过长期努力，中国特色社会主义进入了新时代，中华民族迎来了从站起来、富起来到强起来的伟大飞跃。此外，我国社会的主要矛盾发生了转化，人民日益增长的美好生活的需要和不平衡不充分的发展之间的矛盾已经成为新时代的主要矛盾。根据我国新的历史方位和新的主要矛盾必然提出新的历史任务，而新的历史任务必然对党的政治建设提出新的要求。党的十九大提出了新时代的“四个伟大”的实践任务要求全党把政治建设放在党的建设的首要位置。十九大报告指出，在新的时代条件下，我们要进行伟大斗争、建设伟大工程、推进伟大事业、实现伟大梦想。伟大斗争、伟大工程、伟大事业、伟大梦想，紧密联系、相互贯通、相互作用，其中起决定性作用的是党的建设新的伟大工程。推进伟大工程最根本的建设就是党的政治建设。决胜全面建成小康社会、进而全面建设社会主义现代化强国是新时代的重大政治任务，任务越繁重，责任越重大，政治建设的紧迫性和必要性就愈加凸显出来。

二、党的建设为什么要以政治建设为统领

党的政治建设非常重要，这一点是毋庸置疑的。但是为什么要将党的政治建设摆在首位，以政治建设为统领？这的确是值得党的领导干部深入思考的问题，也是需要我们从理论上予以阐明的重大问题。

第一，党的政治建设作为党的根本性建设决定党的建设

方向和效果，在党的建设中占据着主导地位。毛泽东在《矛盾论》中指出：“任何过程如果有多数矛盾存在的话，其中必定有一种是主要的，起着领导的、决定的作用，其他则处于次要与服从的地位。因此，研究任何过程，如果是存在着两个以上的矛盾的复杂过程的话，就要用全力找出它的主要矛盾。抓住了这个主要矛盾，一切问题就迎刃而解了。”①的确，把党的政治建设抓好了，政治立场、政治方向、政治原则、政治道路把握住了，党的政治能力提高了，党的建设就铸了魂、扎了根。党的政治建设抓好了，对党的思想建设、组织建设、作风建设就可以起到纲举目张的作用。反之，忽视、弱化政治建设或者政治建设抓不好，党的思想建设、组织建设、作风建设、纪律建设就会方向不清、失去灵魂。

第二，加强党的政治建设是党在新形势下完成历史使命的紧迫要求。习近平总书记指出：党内存在的很多问题，原因都是党的政治建设没有抓紧，没有抓实，没有抓好。随着世情、国情、党情发生深刻变化，在新的历史阶段进行新的伟大斗争，建设伟大工程，推进伟大事业，实现伟大梦想，需要全党的领导干部增强党性修炼，提高政治能力。各级领导干部只有善于从政治的高度看待解决问题，才能谋长远，固根本，维护好最广大群众的根本利益。党的十八大以来，

---

① 《毛泽东选集》第一卷，人民出版社 1991 年版，第 322 页。

中国改革进入了深水区，中国的发展进入了一个“攻坚克难、爬坡过坎”的关键时期。面临前所未有的挑战，以习近平总书记为核心的党中央运筹帷幄，攻坚克难，解决了一些许多长期想解决而没有解决的问题，办成了许多过去想办而没办成的事情。这些问题的解决，让我们的党和国家站在了一个全新的历史起点上，能够以更加昂扬的姿态，更加奋发有为的精神状态，在新的历史时期进行具有新的历史特征的伟大斗争。而中国共产党之所以能够在短短五年内完成根本性、深层次的变革，取得历史性、开创性的历史成就，是因为有以习近平同志为核心的党中央的政治引领和政治掌舵。刘云山在 2017 年 9 月 1 日中央党校秋季开学典礼的讲话中指出：回顾党的十八大以来以习近平同志为核心的党中央治国理政实践，一个十分重要的特点和经验就是旗帜鲜明讲政治，善于从政治上考量和解决问题，注重提高领导干部的政治能力。[①] 这段讲话高度概括了党的十八大以来全党全国取得重大历史性成就的根本原因。在新形势下，领导干部要着力提高马克思主义理论素养，不断提高做好群众工作的本领，在复杂的政治实践中积累经验，不断提高领导干部的政治能力。

第三，加强党的政治建设是习近平新时代中国特色社会

---

① 刘云山：《领导干部要注重提高政治能力》，《学习时报》2017 年 9 月 1 日。

主义思想对党的建设提出的新要求。习近平新时代中国特色社会主义思想把党的政治建设摆在首位，确保党在坚持和发展中国特色社会主义中始终成为坚强领导核心，在世界形势深刻变化的历史进程中始终走在时代前列，引领中国发展进步。我们要坚持以习近平新时代中国特色社会主义思想武装全党，确保党永葆旺盛生命力和强大战斗力，始终成为时代先锋、民族脊梁；坚持厚植党执政的群众基础，带领人民有效应对重大挑战、抵御重大风险、克服重大阻力、解决重大矛盾，确保党始终成为全国人民的主心骨；坚持增强党自我净化、自我完善、自我革新、自我提高的能力，始终从严管党治党，端正党的作风，树立良好的政治形象，确保党始终赢得人民的衷心拥护。

三、新时代增强执政本领的现实路径

党的十八大以来，以习近平同志为核心的党中央始终强调在全面从严治党过程中要牢固树立问题意识，有的放矢地去解决建设党的伟大工程中所面临的问题。问题导向正是唯物主义认识论给我们的重要方法论启示。坚持问题导向，精准施策是新时代改进党的政治建设，增强党的政治领导本领的不二选择。

党的建设永远在路上，党的政治建设作为党的根本建设，在新时代被赋予了更加突出的地位。实践上每推进一步，就需要在党的理论武装上也相应地跟进一步。党的十八大以来，党的政治建设在实践上取得了重大成果，但是总体来说，一方面党的政治建设在实践中仍有大量问题需要解决，另一方面在理论上还需要进一步展开具体的学术分析，为加强党的政治建设，提供政治本领提供更加明晰的路径。当前，党的政治建设方面在理论和实践中暴露出以下一些问题：在理论学习上，党的政治建设思想认识缺乏高度，重视程度不够高，不讲政治、淡化政治、去政治化的倾向远未根本解决；理论学习缺乏刚性要求，理论学习不够深入；思想政治建设缺乏有效手段，缺乏生机与活力。在实践中不守政治纪律和政治规矩的行为依然存在；政治觉悟和政治定力缺失，在重大原则问题上不敢亮剑；政治能力不够高，重集中而轻民主以官本位为主要特征的党内政治文化仍然存在，各行其是、各自为政的现象时有发生。

为了克服以上实践中存在的问题，增强政治领导本领可以从政治实践和理论学习两个层面下手。在实践中，要坚决维护以习近平同志为核心的党中央的集中统一领导，牢固树立政治意识、大局意识、核心意识、看齐意识，旗帜鲜明地讲政治；要严肃党内政治生活，用好批评和自我批评的武器；要不断完善民主集中制度，培育良好的党内政治文化；也要在选人用人上确立正确的政治导向，实现党的政治建设理论和实践上的统一。在理论学习上，既要注重马列经典著作和习近平总书记系列重要讲话的学习，坚持战略思维、创新思维、辩证思维、法治思维、底线思维，也要学习党章党规，做合格党员从两个方面切实加强全党思想政治建设；同时将两者统一于新时期进行伟大斗争、建设伟大工程、推进伟大事业、实现伟大梦想的中国特色社会主义伟大实践中，在实践中不断加强党的政治建设，增强党的政治领导本领。

（一）增强四个意识，旗帜鲜明讲政治

马克思主义政党就是讲马克思主义政治，旗帜鲜明讲政治是马克思主义政党本质属性的内在要求，也是加强全党政治建设的有效方法。在新时代具体表现为坚决维护以习近平同志为核心的党中央的集中统一领导，切实增强四个意识，旗帜鲜明讲政治。具体内容包括：

第一，旗帜鲜明讲政治就是要坚决维护习近平同志的领导核心地位，坚持党中央权威和集中统一领导。党的十九大报告指出，党政军民学，东西南北中，党是领导一切的。没有中国共产党这个中国特色社会主义事业的领导核心，中国特色社会主义将无从谈起。面对一个如此幅员辽阔、人口众多的大国，没有一个核心，整个中国将是一盘散沙。为了凝聚全党全国各族人民为实现中华民族的伟大复兴而不懈奋

斗，需要坚持以习近平同志为核心的党中央的集中统一领导，牢固树立政治意识、大局意识、核心意识、看齐意识，自觉在思想和行动上同党中央保持高度一致，并同违反这个重大政治原则的思想和行为作斗争。要坚决防止和纠正各行其事、各自为政，有令不行、有禁不止，上有政策、下有对策的行为，以实际行动保证全党统一意志、统一行动、步调一致向前进。当然，在强调“集中”的同时，我们党也需要不断完善民主集中制度，坚持民主基础上的集中和集中指导下的民主相结合，既充分发扬民主，又善于集中统一。

第二，旗帜鲜明讲政治要站稳政治立场。习近平总书记在庆祝中国共产党95周年大会上旗帜鲜明地指出，人民立场是党的根本立场。作为中国共产党的一分子，应该自觉把自己的命运和党的命运紧密联系在一起，在党爱党，在党言党，在党忧党，在党为党，永远能够站在广大人民群众的立场上观察和分析问题，从维护共产党执政安全的角度，审时度势，未雨绸缪，防患于未然。在新形势下具体表现为在思想和行动上坚决维护以习近平同志为核心的党中央的权威，坚持党中央的集中统一领导，坚决维护改革、发展、稳定的大局。

第三，旗帜鲜明讲政治要把准政治方向。政治方向的问题关系党和国家的前途命运，关系国家的长治久安和人民的幸福安康。在“举什么旗，走什么路”的问题上不能有丝毫的动摇，既不走封闭倒退的老路，也不走改旗易帜的邪路，要高举中国特色社会主义伟大旗帜，坚持中国特色社会主义道路，坚持党的领导、人民当家作主、依法治国的有机统一，不断增强道路自信、制度自信、理论自信和文化自信。在政治方向上发生了动摇或改变，党和国家就会犯颠覆性的错误。

第四，旗帜鲜明讲政治要坚定政治信仰。习近平总书记指出："树立坚定的共产主义理想信念，自觉投身于中国特色社会主义伟大实践，是当代中国共产党人坚强政治建设的本质特征。"中国共产党把马克思主义作为自己的政治信仰，把实现共产主义作为牢不可破的信念。政治信仰永远是中国共产党人的政治灵魂，是共产党人经受住任何考验的精神支柱。

第五，旗帜鲜明讲政治要严格遵守政治纪律和政治规矩。没有规矩，不成方圆。中国共产党作为一个具有铁的纪律的马克思主义政党，始终把严守党的纪律作为自己的优良传统。"严明党的纪律，首要的就是严明政治纪律。党的政治纪律是最重要、最根本、最关键的纪律。遵守党的政治纪律，最核心的，就是坚持党的领导，坚持党的基本理论、基本路线、基本纲领、基本经验、基本要求，同党中央保持高度一致，自觉维护中央权威。"①

---

① 《严明党的政治纪律，自觉维护党的团结统一》，《人民日报》2013年1月22日，《十八大以来重要文献选编》（上），中央文献出版社2014年版，第132页。

（二）严肃党内政治生活，运用好“批评和自我批评”武器

严肃党内政治生活，既是党的政治建设的重要任务，又是增强政治本领的基本途径。新形势下，全党要严格执行《关于新形势下党内政治生活的若干准则》，要着力增强党内政治生活的政治性、时代性、原则性和战斗性。一方面，党内政治生活要牢牢坚持党的思想原则、政治原则、组织原则、工作原则，按原则处理党内各种关系，按原则解决党内矛盾和问题。另一方面，党内政治生活要紧跟时代步伐，聆听时代声音，回答时代课题，及时发现和解决党内出现的新问题，使党内政治生活始终充满活力。其中非常重要的一点就是党内政治生活要旗帜鲜明，坚持真理，修正错误，勇于开展批评和自我批评，使每个党组织都成为激浊扬清的战斗堡垒，使每个党员都成为扶正祛邪的战斗员。

毛泽东指出，有无认真的自我批评是我们党和其他政党互相区别的显著标志之一。在全党普遍深入地开展批评和自我批评是加强党的政治建设的重要途径。

党的十八大以来，习近平总书记明确提出要严肃党内政治生活，用好批评和自我批评这个利器。开展批评和自我批评需要无私的勇气、正确的态度和科学的方法。有了勇气，才能展开批评和自我批评；有了正确的态度

和方法，才能收到好的效果。党员领导干部要表率，要出于公心。时刻以党的事业为重，从大局出发，摒弃私心杂念，对事不对人；坚持实事求是的态度，对问题如实分析，既不夸大也不缩小，从问题本身的是非曲直出发，理直气壮地否定错误言行；与人为善、真心诚意地帮助同志共同提高，对待批评要做到“有则改之，无则加勉”，正确看待同志提出的意见。让“红红脸、出出汗”成为常态，用好提醒、函询和诫勉措施，推动干部中的一些问题得到及时纠正和解决。总之，要形成有利于开展批评和自我批评的浓厚空气，不断净化党内政治生态，不断增强党内政治生活的政治性、时代性、原则性和战斗性。

（三）学习马列经典和习近平总书记系列重要讲话，增强五种思维能力

唯物主义认识论强调正确理论对实践的指导作用。我们党的最大优势之一就是思想优势。理论是实践的先导，思想是行动的指南。习近平总书记指出，马克思主义经典著作，体现着经典作家坚定的政治立场和政治信仰、解放全人类的理想和献身共产主义事业的品格。阅读他们的著作，会使我们在潜移默化中受到他们崇高精神风范的浸润和人格力量的熏陶，从而实现自己思想境界和道德情操的升华。马克思主义著作不仅有知识的养分，还有马克思主义者鲜明的政治立

场和政治信仰。习近平总书记进一步指出，我们学习马克思主义经典著作，一个重点是要解决好世界观、权力观、事业观问题，解决好理想信念问题。马克思主义经典著作坚持无产阶级和劳动人民的根本立场，对封建主义、资本主义制度进行了科学的分析和抨击，对共产主义必然取代资本主义的历史趋势进行了科学论述……这种理想信念，由此确定的崇高的共产主义精神和道德，是我们事业不断前进的动力，也是共产党人的立身之本。习近平新时代中国特色社会主义思想是马克思主义中国化最新的成果，是当代中国马克思主义，是党和国家必须长期坚持的指导思想，对于我们加强党的政治建设、增强政治领导本领具有重要的指导意义。党的十九大报告对加强党的政治建设作出了一系列的重要论述，通过系统学习领会十九大报告和习近平总书记系列重要讲话精神，有利于全体共产党员坚定理想信念，牢固政治立场和政治方向，坚定不移地贯彻执行党的政治路线，为党的“两个一百年目标”不懈奋斗。

思维决定思路，思路指导实践。提高政治能力对领导干部在思维层面提出了新的要求。党的十九大报告对党员领导干部这方面的要求可以概括为以下几个方面：

第一，要坚持战略思维。战略思维就是要站在时代前沿和战略全局的高度观察、思考和处理问题，透过纷繁复杂的表面现象把握事物的本质和发展的内在规律。

适应新方位，担任新使命，就要以更加宽阔的视野、更加长远的眼光思考和把握国家未来发展面临的一系列重大战略问题，不断进行理论创新；就要以更加坚定的立场、更加科学的办法制定党和国家大政方针、发展战略和各项政策，不断进行制度创新；就要以更加坚决的意志，更有力的行动应对重大挑战、抵御重大风险、克服重大阻力、解决重大矛盾，不断进行实践创新。

第二，要坚持创新思维。创新思维的能力就是要有敢为人先的锐气，打破迷信经验、迷信本本、迷信权威的惯性思维，摒弃不合时宜的旧观念，以思想认识的新飞跃打开工作的新局面。提高创新能力首先要强化创新意识。创新意识就是要解放思想，更新观念，要破除以“我”为中心的封闭思维方式，克服狭隘封闭和目光短浅，要完善与之相适应的制度和体制，以营造一种激励创新、支持创新的良好氛围，树立“非创新无一发展”的新观念，强化夯实基础和长远发展意识。其次，是要掌握科学的思维方法，掌握创新思维方法是提高创新能力的重要条件。如果方法没有掌握，思维创新就无从谈起。

第三，要坚持辩证思维。辩证思维反映在逻辑上，就是要求人们必须把握研究事物的总和，从事物本身矛盾发展运动变化中把握它，包括个性和共性、绝对与相对、事实与现象、内容与形式、原因与结果、必然与偶然、可能与现实、全局和局部、具体和抽象、有限与无限、正面与反面、美好与丑恶等辩证法。坚持辩证思维需要坚持两点论，看问题要一分为二；要坚持“重点论”，抓重点带一般；要坚持“转化论”，量变引起质变。全面深化改革是一项庞大的系统工程，宏伟的目标、复杂的情况、多样的利益、不同的诉求决定了我们必须运用辩证思维，突出改革的系统性、整体性、协调性，使改革成果更多更公平惠及全体人民。

第四，要坚持法治思维。法治思维能力就是要带头学法、有效普法、自觉用法、秉公执法、坚决护法。提高法治思维首先需要贯彻法治理念。法治理念是法治的灵魂，领导干部能否自觉运用法治思维决策，是建立在良好法治思维理念基础之上的。领导干部要牢固树立法律面前人人平等、以法为尊、保护人权、依法维权等法律理念，把对公平公正公开的追求作为内心思考问题、分析问题、解决问题的习惯，自觉维护社会主义法制权威和公信力。其次是积累法制知识。进行法治理念方面的理论学习，法律制度纷繁复杂，以法治理念和法理学的学习为基础，才能从中发现主线，从而提高掌握法律知识和应用法律规定的能力和水平。

第五，要坚持底线思维。底线思维能力就是要居安思危、增强忧患意识，做好应付最坏局面的思想准备；要增强前瞻意识，把工作预案准备得更充分、更周详，做到心中有数、处变不惊。习近平总书记指出，要善于运用底线思维的方法，凡事从坏处准备，努力争取最好的结果，做到有备无患、遇事不慌，牢牢把握主动权。改革是在原本没有路的地方探索新的道路，不可能没有风险和挑战。毛泽东同志过去经常强调，“在最坏的可能性上建立我们的政策”①，“不论任何工作，我们都要从最坏的可能性来想，来部署”。② 今天发展进入新阶段，改革进入深水区，面对各种困难和风险，最考验领导干部勇气和智慧的就在于能不能看到坏处，会不会解决难处，敢不敢争取好处。底线思维应该是有守和有为的有机统一。

---

① 《毛泽东文集》第三卷，人民出版社 1996 年版，第 388 页。

② 《毛泽东文集》第六卷，人民出版社 1999 年版，第 404 页。

第三章　锐意进取　增强改革创新本领

纵观人类社会发展的历史，改革创新始终是推动一个国家、一个民族向前发展的重要力量，也是推动整个人类社会向前发展的重要力量。中国共产党要站在时代的前列带领人民不断开创事业发展新局面，以改革创新精神加强自身建设，始终成为中国特色社会主义事业的坚强领导核心。各级领导干部作为党的事业的骨干，必须增强改革创新本领，坚持把改革创新作为解决前进中各种矛盾和问题的根本方法来把握，作为推动经济社会发展的强大动力来运用，作为共产党人不变的精神价值来追求，不断以新认识、新思路、新举措开创事业发展的新局面。

一、增强改革创新本领的必要性及重要意义

当今时代，是经济全球化深入发展的时代，是科学技术日新月异的时代，是新情况、新问题、新事物层出不穷的时代。当前我国改革已进入攻坚期和深水区，在全面深化改革

中推进社会主义事业建设，必然是一个攻坚克难的过程，增强改革创新本领是推进全面深化改革的必然要求，也是适应新时代形势变化的迫切需要，还是提高党的执政能力的重要方式。

（一）增强改革创新本领是推进全面深化改革的必然要求

全面深化改革是党的十八大以来提出的一项重要战略部署，是“四个全面”战略布局中具有突破性和先导性的关键环节，也是实现“两个一百年”奋斗目标必须要解决好的重大问题，这显然对领导干部增强改革本领提出了更高的要求，领导干部是否具备这种改革本领对更好地落实党的十九大确定的奋斗目标以及工作部署具有重要意义。

改革开放是党在新的时代条件下团结带领人民进行的新的伟大革命。习近平总书记强调：“改革开放是决定当代中国命运的关键一招，也是决定实现‘两个一百年’奋斗目标、实现中华民族伟大复兴的关键一招。”① 我国过去近40年取得举世瞩目的成绩靠的就是改革开放，我国未来发展也必须坚定不移依靠改革开放。改革开放的实践充分证明，每次重大改革都会给党和国家注入新的发展活力、给事业前进增添强大动力，它是当代中国最鲜明的特色，也是当代中国

---

① 《习近平关于协调推进“四个全面”战略布局论述摘编》，中央文献出版社2015年版，第52页。

共产党人最鲜明的品格。习近平总书记同时也强调，“改革开放只有进行时没有完成时”①，现在推进改革的复杂程度、敏感程度、艰巨程度丝毫不亚于改革开放之初。整个建设社会主义现代化强国的进程，我们都要高举改革开放的旗帜，绝不能有丝毫动摇。

党的十八大以来，以习近平同志为核心的党中央继续高举改革开放伟大旗帜，以更大的政治勇气和政治智慧推进改革，用全局观念和系统思维谋划改革，尤其是在党的十八届三中全会上对全面深化改革作出新的总体部署，吹响了新一轮改革开放的进军号。这是顺应当今世界发展大势的必然选择。纵观世界各国正在加快推进变革，新一轮科技革命和产业变革正在兴起。在这样的形势下，要如期全面建成小康社会，建成社会主义现代化强国，实现中华民族伟大复兴，就必须认清形势、奋起直追。思想僵化、固步自封，必将被时代淘汰。同时全面深化改革也是抓住和用好战略机遇期，抢占未来发展制高点的必然选择。当前，国内外形势正在发生深刻复杂变化，我国仍处于重要战略机遇期。这一历史性机遇期千载难逢，抓住就能赢得战略主动，否则就可能陷于被动。因而，领导干部必须增强改革创新意识，抢抓机遇，通过全面深化改革，激发

---

① 《习近平关于协调推进“四个全面”战略布局论述摘编》，中央文献出版社2015年版，第56页。

党和国家生机活力。

全面深化改革，是解决中国现实问题、破解中国发展难题的根本途径。改革是由问题倒逼而产生，又在不断解决问题中得以深化。同时，我们用改革的办法解决了党和国家事业发展中的一系列问题，旧的问题解决了，而新的问题又相继产生，因而改革既不可能一蹴而就，也不可能一劳永逸。当前，我国经济社会发展中仍然面临着一系列突出矛盾，如发展中不平衡、不协调、不可持续问题依然突出，城乡区域发展差距和居民收入分配差距依然较大，科技创新能力不强，制约科学发展的体制机制障碍较多，产业结构不合理，社会矛盾明显增多，教育、就业、社会保障、医疗、住房、生态环境等关系群众切身利益的问题较多，反腐败斗争形势依然严峻，等等。解决这些突出问题的关键路径就在于全面深化改革。尽管党的十八届三中全会以来各领域改革不断提速，改革举措出台的数量之多、力度之大前所未有，但目前所面临的改革仍然任务艰巨、矛盾繁多，正如习近平总书记指出："中国改革经过30多年，已进入深水区，可以说，容易的、皆大欢喜的改革已经完成了，好吃的肉都吃掉了，剩下的都是难啃的硬骨头。"① 这说明对各级领导干部的改革创新本领都是一个新的、更高的考验，这显然要求领导

① 《习近平总书记系列重要讲话读本》，学习出版社、人民出版社2016年版，第70页。

干部要着眼于领导好全面深化改革这场攻坚战，坚持学习、学习、再学习，坚持实践、实践、再实践，努力提高自身的改革创新本领，时时处处为人民群众作示范、当表率，不断增强人民群众投身改革的积极性和主动性。

党的十八届三中全会也明确提出要“不断提高领导班子和领导干部推动改革能力[①]”。目前，我国改革已进入攻坚期和深水区，全面深化改革中推进社会主义事业建设，必然是一个攻坚克难的过程，特别需要各级领导干部具备推进全面深化改革的领导本领。领导干部增强改革创新本领，才能顺应浩浩荡荡的历史潮流，承担起自己的历史责任，敢于啃硬骨头，敢于涉险滩，敢于向积存多年的顽瘴痼疾开刀，以更大的政治勇气和智慧、更有力的措施和办法坚决打好全面深化改革这场攻坚战。

（二）增强改革创新本领是适应新时代形势变化的迫切需要

我们当今所处的时代，是经济全球化深入发展的时代，是综合国力竞争日趋激烈的时代，是科学技术日新月异的时代，是新情况、新问题、新事物层出不穷的时代。概言之，这是一个以改革创新为显著特征的时代。改革创新是时代潮流，是当代中国的主旋律。“时代潮流浩浩荡荡，顺之则昌，

---

① 《中共中央关于全面深化改革若干重大问题的决定》，《人民日报》2013年11月15日。

逆之则亡”。任何政党，如果因循守旧、墨守成规，就必然被人民所抛弃；作为一名领导干部，如果不思进取，固步自封，也必然要落伍于形势，被时代所淘汰。因而，领导干部具备改革创新本领对更好地应对新时代复杂形势变化是十分迫切的要求。

从国际上来看，随着经济全球化深入发展，综合国力竞争日趋激烈，科学技术日新月异，各种思想文化相互激荡，正确把握国际形势的发展变化，举措得当，就会促进经济快速发展和社会平衡进步；应对失误，就可能导致经济徘徊不前和社会长期动荡。从国内来看，我国改革发展正处在一个关键阶段，进入了一个“黄金发展期”和“矛盾凸显期”并存的关键时期，战胜这些风险和挑战，要把防范风险和挑战摆在突出位置。挑战不容低估，风险也要高度关注。当前和今后一个时期，可能是我国发展面临的各方面风险和挑战不断积累甚至集中显露的时期。这就对各级领导干部执政能力特别是改革创新本领提出了严峻考验，就像邓小平所说的，没有“闯的精神”“冒的精神”，“没有一股气呀、劲呀，就走不出一条好路，走不出一条新路，就干不出新的事业”。只有增强改革创新本领，才能对形势变化提早作出战略研判，推进风险和挑战防控工作科学化、精细化，把自己职责范围内的风险和挑战防控好，破解制约形势发展变化中的重点难点问题，这既是必须完成的任务，也是必须迈过的一道坎。

中国特色社会主义进入了新时代，这是党的十九大对我国所处历史方位做出的崭新论断。“中国特色社会主义进入新时代，我国社会主要矛盾已经转化为人民日益增长的美好生活需要和不平衡不充分的发展之间的矛盾。”① 这在说明“落后的社会生产”已不再是中国的现实，人民基本的生存需要已经不是问题，正在转向追求更加美好生活的新期待。诚如有的学者所言：“改革开放以来，人民群众的物质文化生活水平得到不同程度的大幅提高，但是人民群众的幸福感、满意度并没有相应提高。”社会主要矛盾的这一改变，承认了人民在民主、法治、公平、正义、安全、环境等方面要求的正当合理性，承认了当前我们在这些方面的发展还存在短板和不足，集中体现为“不平衡不充分”的发展状况，比如“不平衡”方面，民生领域的短板、脱贫攻坚任务艰巨、城乡区域发展和收入差距依然较大，等等。再比如“不充分”方面，发展质量和效益不高、创新能力不强、生态环境有待改善，等等。历史方位以及社会主要矛盾的变化需要以改革创新的眼光正视矛盾，才能承诺在把矛盾的主要方面作为今后一个时期发展的着力点和主攻方向基础上，在美好生活需要的供给上更下功夫，完成时代和人民赋予的历史

① 习近平：《决胜全面建成小康社会　夺取新时代中国特色社会主义伟大胜利——在中国共产党第十九次全国代表大会上的报告》，《人民日报》2017 年 10 月 28 日。

使命。

现在，全面建成小康社会进入了决胜阶段。习近平总书记指出：“这个时跨本世纪头20年的奋斗历程到了需要一鼓作气向终点线冲刺的历史时刻。完成这一战略任务，是我们的历史责任，也是我们的最大光荣。”① 必须清醒地看到，如期全面建成小康社会，既具有充分条件，也面临艰巨任务，前进道路并不平坦，诸多矛盾叠加、风险隐患增多的挑战依然严峻复杂。领导干部应增强改革创新本领，推动供给侧结构性改革，着力转方式解决发展质量和效益问题，补短板解决发展不平衡问题，努力实现更高质量、更有效率、更加公平、更可持续的发展，确保全面建成小康社会的奋斗目标如期完成。

（三）增强改革创新本领是提高党的执政能力的重要方式

改革创新正在成为21世纪的显著特征，正在成为新时代的重要特征，正在成为新时代领导干部的核心本领，充分体现着领导干部的领导能力水平和先进性。当前，我们党“面临许多前所未有的新情况新问题新挑战，执政考验、改革开放考验、市场经济考验、外部环境考验是长期的、复杂的、严峻的。”党的十八大报告指出：“精神懈怠危险、能

① 《习近平总书记系列重要讲话读本》，学习出版社、人民出版社2016年版，第64页。

力不足危险、脱离群众危险、消极腐败危险更加尖锐地摆在全党面前。”[①] 面对“四大考验”以及“四种危险”，党的领导方式和执政方式、领导体制和工作机制还有待完善，改革创新本领作为领导干部的重要本领之一，主要表现为：一是能够在各种社会变化中敏锐发现事物发展趋势，并能主动地将自己的工作与事物发展趋势有机结合起来；二是凭借理论思维能够创造新颖独特的概念、理论，并将其结合实际推动改革；三是改革实践中能够运用新理论、新方法解决新问题，开拓新领域。因而，改革创新对推动事业发展有着极其重要的作用，具体体现在思路的突破、方法的创新、问题的解决等，是领导干部诸多能力的核心部分。

改革创新是中国共产党永葆生机的不竭之源。毛泽东是开拓创新的典范，他一贯反对教条主义和经验主义，确立了我们党实事求是的思想路线。邓小平在党的十一届三中全会上向全党发出“勇于创新”的号召。江泽民多次强调，“创新是一个民族进步的灵魂，是国家兴旺发达的不竭动力，是一个政党永葆活力的源泉”。胡锦涛顺应国内外形势发展变化，强调要把创新作为我们党长期坚持的治国之道。习近平指出：“要突破自身发展瓶颈、

---

① 《坚定不移沿着中国特色社会主义道路前进　为全面建成小康社会而奋斗》，《人民日报》2012 年 11 月 17 日。

解决深层次矛盾和问题，根本出路就在于创新，关键要靠科技力量。”联系党的历史，也可以清楚地看到，始终坚持与时俱进、改革创新，是我们党始终保持先进性，取得革命、建设和改革新胜利的根本保证。然而当前存在部分领导干部改革意识淡薄，墨守成规，安于现状，不想创新；有的生怕失败，回避创新；有的领导因创新风险大而顾虑重重，求稳怕乱，不敢大胆改革；也有的不从实际出发，不按客观规律办事，把盲目蛮干当做创新，等等，这些都是领导干部改革创新本领薄弱的具体体现，不提高领导干部改革创新本领，势必影响各项事业的前进和发展，也势必会使一些领导干部在改革创新的大潮中落伍。

另外，领导干部作为党和国家政策的具体执行者，其改革创新本领的强弱不仅是衡量创新型国家建设程度的重要标准，更是影响创新型国家战略实施效果的决定性因素。具有改革创新本领的领导干部能够带动整体创新。领导干部在领导活动中具有影响、率领和引导作用，不仅能通过个人的创新能力创造性的解决问题，还能引领整体开展创新性的活动，从而推动整个社会不断提高原始创新能力、集成创新能力和消化吸收再创新能力，使改革创新成为每个人的自觉行动，成为推动社会发展进步的强大动力。从这个意义上讲，不断培养和提升各级领导干部的改革创新本领也是落实创新型国家战略的关键。因此，非常有必要在各级领导干部中深入开展有关改革创新本领的学习教育活动，有针对性地解决好思想认识问题，使领导干部进一步树立改革创新意识，提升改革创新勇气，增强改革创新本领。

二、新时代增强改革创新本领的新要求

党的十八大以来，国内外形势的变化和我国各项事业发展都给我们提出了新的要求，站在我国发展新的历史方位，自然会对增强改革创新本领提出新要求，包括深刻把握全面深化改革总要求，处理好全面深化改革的重大关系，贯彻落实好创新发展理念，坚持以人民为中心的发展思想。

（一）增强改革创新本领要深刻把握全面深化改革总要求

党的十八届三中全会对全面深化改革作出总部署、总动员，勾画了到2020年全面深化改革的时间表、路线图，形成了改革理论和政策的一系列新的重大突破。这是改革进程向前拓展的客观要求，体现了我们党对改革认识的深化和系统化，领导干部要深刻把握中央精神，增强改革创新本领，凝聚起推进改革的强大合力。

要增强改革创新本领，首先要把握全面深化改革的总目

标，即完善和发展中国特色社会主义制度，推进国家治理体系和治理能力现代化。① 这一总目标回答了推进各领域改革最终是为了什么、要取得什么样的整体效果这个问题。总目标是两句话组成的一个整体：前半句规定了根本方向，这个方向就是中国特色社会主义道路，而不是其他什么道路；后半句规定了在根本方向指引下完善和发展中国特色社会主义制度的鲜明指向。两句话都讲才是完整的。国家治理体系和治理能力是一个国家的制度和执行能力的集中体现。推进国家治理体系和治理能力现代化，是完善和发展中国特色社会主义制度的必然要求，是实现社会主义现代化的题中应有之义。今天，摆在我们面前的一项重大历史任务，就是推动中国特色社会主义制度更加成熟更加定型，为党和国家事业发展、为人民幸福安康、为社会和谐稳定、为国家长治久安提供一整套更完备、更稳定、更管用的制度体系。

要增强改革创新本领，要坚持进一步解放思想、进一步解放和发展社会生产力、进一步解放和增强社会活力。这三个“进一步解放”既是全面深化改革的目的，又是全面深化改革的条件。解放思想是前提，是解放和发展社会生产力、解放和增强社会活力的“总开关”；而解放和发展社会

---

① 《中共中央关于全面深化改革若干重大问题的决定》，《十八大以来重要文献选编》（上），中央文献出版社，2014 年版，第 512 页。

生产力、解放和增强社会活力，则是解放思想的必然结果。要不断通过改革创新，使中国特色社会主义在解放和发展社会生产力、解放和增强社会活力上更能激发全体人民的积极性、主动性、创造性，更能为社会发展提供有利条件，更能在竞争中赢得比较优势，把中国特色社会主义制度的优越性充分体现出来。

要增强改革创新本领，还要坚持社会主义市场经济改革方向。提出建立社会主义市场经济体制的改革目标，是我们党在建设中国特色社会主义进程中的重大理论和实践创新。尽管我国社会主义市场经济体系还不健全，市场发育还不充分，特别是政府和市场的关系还没有理顺，市场在资源配置中的作用有效发挥受到诸多制约，必须继续朝着加快完善社会主义市场经济体制的目标努力，着力健全使市场在资源配置中起决定性作用和更好发挥政府作用的制度体系。坚持社会主义市场经济改革方向，不仅是经济体制改革的基本遵循，也是全面深化改革的重要依托。要使各方面体制改革朝着这一方向协同推进，同时也使各方面自身相关环节更好适应社会主义市场经济发展提出的新要求。

总之，全面深化改革这项工程极为宏大，零敲碎打调整不行，碎片化修补也不行，必须是全面的系统的改革和改进，是各领域改革和改进的联动和集成，在国家治理体系和治理能力现代化上形成总体效应、取得总体效果。领导干部要在全面深化改革中，增强改革创新本领，坚持以经济体制改革为主轴，努力在重要领域和关键环节改革上取得新突破，以此牵引和带动其他领域改革，使各方面的改革协同推进、形成合力，而不是各自为政、分散用力。同时，也要认清我们的改革是有方向、有立场、有原则的。习近平总书记强调指出："问题的实质是改什么、不改什么，有些不能改的，再过多长时间也是不改。"① 要增强政治定力，坚守政治原则和底线，决不能在根本性问题上出现颠覆性错误。

（二）增强改革创新本领要处理好全面深化改革的重大关系

全面深化改革，触及深层次的社会关系和利益调整，凝聚改革共识难度加大，统筹兼顾各方面利益任务艰巨，协调不顺，处理不好，改革就难以顺利推进，难以取得成功。增强改革创新本领，就要牢固树立进取意识、机遇意识、责任意识，坚持辩证法，从纷繁复杂的事物表象中把准改革脉搏，不断探索改革的内在规律，重点把握和处理好几个重大关系。

处理好解放思想和实事求是的关系。解放思想，就是要

① 《习近平关于协调推进"四个全面"战略布局论述摘编》，中央文献出版社 2015 年版，第 53 页。

打破本本主义和教条主义的束缚，研究新情况、解决新问题、开拓新思路。只有解放思想，才能冲破思想观念的障碍，看清各种利益固化的症结，找准突破的方向和着力点。从本质上看，解放思想与实事求是二者是相辅相成、辩证统一的关系。实事求是要求必须以解决现实问题为改革的出发点，要立足实际，科学寻找改革的方法。要增强改革创新本领，必须坚持解放思想和实事求是的有机统一，一切从基本国情出发，从实际出发，从人民群众的利益出发，既大胆探索又脚踏实地。这样才能保证我们遵循事物发展的内在规律，把握历史前进的正确方向。

处理好整体推进和重点突破的关系。当下中国的改革涉及经济体制、政治体制、文化体制、社会体制、生态文明体制和党的建设体制等各领域各方面的全面改革，如果不注重各项改革措施的协调配合，造成改革的“短板”，就会使改革效果大打折扣，甚至成为继续深化改革的阻碍。因此，全面深化改革必须更加注重各项改革的相互配合、相互促进、良性互动。但整体推进并不意味着没有重点，唯物辩证法的两点论不是均衡的两点论，而是有重点的两点论。因此，增强改革创新本领，要在全面推进各领域各方面改革的同时，必须注意突出重点，抓住影响全局的主要矛盾。

处理好顶层设计和摸着石头过河的关系。摸着石头过河是被中国改革开放伟大实践证明了的行之有效、历久弥新的科学正确的方法，也是符合马克思主义认识论和实践论的方法。随着改革的深入和拓展，我们对改革的规律性认识和把握越来越深刻和准确，但是，中国改革进程中的新情况、新问题层出不穷，对改革决策的科学性的要求也越来越高，这就迫切要求在基层一线由人民群众大胆探索、先行先试，取得经验，形成共识。所谓改革的顶层设计，就是必须加强顶层设计和总体规划，提高改革决策的科学性、增强改革措施的协调性。要认识到二者是辩证统一的，推进局部的阶段性改革要在加强顶层设计的前提下进行，加强顶层设计要在推进局部的阶段性改革的基础上来谋划。

除处理好以上重大改革关系外，还要处理好全局和局部的关系、胆子要大和步子要稳的关系以及改革发展稳定的关系，正如习近平总书记所说："改革开放是前无古人的崭新事业，必须坚持正确的方法论，在不断实践探索中推进。"①这也是领导干部增强改革创新本领所要妥善处理好的若干重大关系。

① 《习近平关于协调推进"四个全面"战略布局论述摘编》，中央文献出版社 2015 年版，第 54 页。

（三）增强改革创新本领要贯彻落实好创新发展理念

发展是一个不断变化的进程，发展环境不会一成不变，发展条件不会一成不变，发展理念自然也不会一成不变。党的十八届五中全会鲜明地提出了创新、协调、绿色、开放、共享的新发展理念。这是在深刻总结国内外发展经验教训、分析国内外发展大势的基础上形成的，也是针对我国发展中的突出矛盾和问题提出来的，集中反映了我们党对我国发展规律的新认识，指明了“十三五”乃至更长时期我国的发展思路、发展方向和发展着力点，要深入理解、准确把握其科学内涵和实践要求。

增强改革创新本领，要深刻领会创新发展理念。创新是引领发展的第一动力。坚持创新发展，是分析近代以来世界发展历程特别是总结我国改革开放成功实践得出的结论，是应对发展环境变化、增强发展动力、把握发展主动权，更好引领新常态的根本之策。发展动力决定发展速度、效能、可持续性。对我国这么大体量的经济体来讲，如果动力问题解决不好，要实现经济持续健康发展是难以做到的。习近平总书记指出，抓住了创新，就抓住了牵动经济社会发展全局的“牛鼻子”。树立创新发展理念，就必须把创新摆在国家发展全局的核心位置，不断推进理论创新、制度创新、科技创新、文化创新等各方面创新，让创新贯穿党和国家一切工作，让创新在全社会蔚然成风。

增强改革创新本领，要实施创新驱动发展战略。习近平总书记指出："实施创新驱动发展战略，是加快转变经济发展方式、提高我国综合国力和国际竞争力的必然要求和战略举措。"把创新驱动发展作为面向未来的一项重大战略实施好，首先要树立强烈的创新自信，敢于走前人没走过的路，坚定不移走中国特色自主创新道路，坚持自主创新、重点跨越、支撑发展、引领未来的方针，加快创新型国家建设步伐；其次要深化改革，建立健全体制机制，加快推进产学研深度融合，继续深化科研院所改革，推进政府科技管理体制改革，让机构、人才、装置、资金、项目都充分活跃起来，形成推进科技创新发展的强大合力；还要强化激励，大力集聚创新人才，加快形成一支规模宏大、富有创新精神、敢于承担风险的创新型人才队伍，择天下英才而用之，激发他们的创新激情，从而及早实现发展转入创新驱动发展轨道，把发展基点放在创新上，发挥创新对发展的拉动作用。

（四）增强改革创新本领要坚持以人民为中心的发展思想

"人民对美好生活的向往，就是我们的奋斗目标。"这是习近平同志在当选总书记后向中外媒体的庄严宣告。"一切为了人民""以人民为中心""人民立场""获得感”等，都是他反复强调的话语。树立新发展理念，首先也是要解决为什么人、由谁享有这个根本问题。党的十八届五中全会首次提出以人民为中心的发展思想，反映了坚持人民主体地位的内在要求，彰显了人民至上的价值取向，确立了新发展理念必须始终坚持的基本原则。领导干部增强改革创新本领，要着力践行以人民为中心的发展思想，把实现人民幸福作为发展的目的和归宿，这是根本价值遵循。

作为一个马克思主义执政党，尊重人民的主体地位是中国共产党的基本遵循和优良传统，是被历史和人民选择的根本原因。党自成立之日起，就没有自己的私利，而是以全心全意为人民服务为根本宗旨，坚信党的根基在人民、党的力量在人民，坚持一切为了人民、一切依靠人民，与人民风雨同舟、生死与共，始终保持血肉联系，“人民立场是中国共产党的根本政治立场，是马克思主义政党区别于其他政党的显著标志”。[①] 由此可见，抓住“一切为了人民”这一“牛鼻子”，其他问题都将迎刃而解，才会把改革创新落到实处。

我们党推进全面深化改革的根本目的，就是要促进社会公平正义，让改革发展成果更多更公平惠及全体人民。习近平总书记也强调，要科学统筹各项改革任务，

---

① 习近平：《在庆祝中国共产党成立 95 周年大会上的讲话》，《人民日报》2016 年 7 月 2 日。

推出一批能叫得响、立得住、群众认可的硬招实招，把改革方案的含金量充分展示出来，让人民群众有更多获得感。人民有所呼，改革就要有所应。领导干部增强改革创新本领，就要把促进社会公平正义、增进人民福祉作为一面镜子，审视各方面体制机制和政策规定，哪里有不符合促进社会公平正义的问题，哪里就需要改革；哪个领域哪个环节问题突出，哪个领域哪个环节就是改革的重点。紧紧抓住经济建设这个中心，推动经济持续健康发展，进一步把“蛋糕”做大，为保障社会公平正义奠定更加坚实的物质基础。“蛋糕”不断做大的同时，还要把“蛋糕”分好，做到切实实现好、维护好、发展好最广大人民根本利益。

人民是历史的创造者，是推动改革创新的力量源泉。坚持以人民为中心的发展思想，是领导干部增强改革创新本领的根本价值遵循。习近平总书记指出：“人民是创造历史的动力，我们共产党人任何时候都不要忘记这个历史唯物主义最基本的道理。”只有坚持这一基本原理，才能把握历史前进的基本规律；只有按历史规律办事，才能无往而不胜。因而，增强改革创新本领，就要始终坚持人民主体地位，都要从人民利益出发谋划改革思路、制定改革举措，也要充分尊重人民所表达的意愿、所创造的经验、所拥有的权利、所发挥的作用，更要尊重人民首创精神，自觉拜人民为师，向能者求教，向智者问策，从群众中汲取无穷的智慧和力量，充分调动群众推进改革的积极性、主动性、创造性，把最广大人民的智慧和力量凝聚到改革上来，同人民一道把改革推向前进。

三、新时代增强改革创新本领的具体做法

习近平总书记在党的十九大报告中指出，中国特色社会主义进入新时代，面对中华民族伟大复兴的目标，全党的任务更加艰巨，这对党的领导干部提出了新的要求，要“增强改革创新本领，保持锐意进取的精神风貌，善于结合实际创造性推动工作，善于运用互联网技术和信息化手段展开工作”①。新时代要从树立改革创新意识、强化理论专业学习、注重调查研究、营造改革创新氛围、抢抓贯彻落实几个方面全面提高领导干部的改革创新本领，为决胜全面建成小康社会、实现中华民族伟大复兴而奋斗。

（一）树立改革创新意识是增强改革创新本领的前提

思想意识是行动的先导，改革创新意识是领导干部进行

① 习近平：《决胜全面建成小康社会　夺取新时代中国特色社会主义伟大胜利——在中国共产党第十九次全国代表大会上的报告》，《人民日报》2017 年 10 月 28 日。

改革创新活动的前提，是改革创新事业前进的巨大推动力，也是增强改革创新意识本领的前提。

新时代需要改革意识。改革意识要求领导干部主动地意识到社会的不断发展进步。社会的发展进步是不断突破而非固守的过程，这个过程既包括生产力的进步，也包括人们思想意识的进步。思想意识的保守落后会对社会进步产生阻碍作用。这就需要领导干部重新认识新时代下我国的国情以及世界的情况，在改革意识的引领下进行新时代中国特色社会主义的建设。改革意识还要求领导干部具有自我调节的观念。辩证唯物主义认为事物的内部矛盾是推动事物发展的根本动力，对于一个社会而言，只有不断地进行自我更新和自我调节才能从根本上推动社会的前进。当前，全面深化改革就是我国进行自我更新和自我调节的过程，这个过程需要经济、政治、社会、生态、文化等各个方面的协调和配合，在这个过程中，领导干部要以自我调节的观念把握社会主义建设的规律，促进改革的进行。

新时代需要创新意识。就创新意识的本质来说，就是批判、怀疑，不迷信偶像、教条，适势而变。树立创新意识要求领导干部突破主观主义和封建专制思想的桎梏，具有批判精神。经验主义和教条主义是两种严重阻碍工作进步的主观主义错误。领导干部在工作中可以总结并借鉴以往的经验教训，但是如果在工作中不善于分析新情况而是用老经验解决新问题，就会陷入经验主义的泥潭；领导干部在工作中可以运用理论和上级领导的指导作用，但要做到不“唯上”、不“唯书”，只“唯实”，以免陷入教条主义的沼泽。封建专制思想也是扼杀创新意识的元凶，其要求“唯命是从”的蒙昧性阻碍了对创新性人才和创新意识的挖掘。因此，要具有强烈的批判和怀疑精神，解放思想，敢于探索新的方法和道路。

树立改革创新意识要求领导干部能担当。习近平总书记指出，改革推进到今天，比认识更重要的是决心，比方法更重要的是担当。辩证唯物主义认为，事物发展是螺旋式上升。我国社会主义建设的实践也证明，社会的发展是曲折前进的。改革创新是一个触动旧有体制和利益、建立新的模式的过程，在这个过程中必然会有阻力，也会有探索中的挫折。如果出于为防止出错和力求保险的观念而固守原有模式只会导致社会主义事业停滞不前。面对改革创新中的挫折和矛盾，就需要领导干部具有强烈的责任意识，迎难而上，敢于亮剑。因此，树立改革创新意识要求领导干部能担当，敢于突破，勇于探索，以为社会主义事业献身的精神担负起新时代赋予自己的责任。

（二）强化理论专业学习是增强改革创新本领的基础

改革创新本领的增强要以理论专业知识作为基础，脱离了理论专业知识的改革创新就是无本之木、无源之水，要避免空洞无物的改革创新就要强化理论专业知识的学习。

增强改革创新本领要强化理论学习。改革创新能力的获得建立在已有的知识积累基础之上，理论知识是改革创新的资源和灵感来源。强化理论学习首先要做到用习近平新时代中国特色社会主义思想武装头脑，善于站在全局的立场、用辩证的思维思考问题，把握马克思主义的实质，将其转化为具体政策指导和工作导向。其次要灵活学习理论知识。注意掌握正确的理论学习方法，既要向书本学习，又要向先进典型和榜样学习，还要向群众学习；构造全面的理论知识结构，提高综合素质，以全面、厚实的理论素养增强改革创新本领。最后要灵活运用理论知识。理论知识是死的，实践是活的，对理论学习成果的检验就在实践中，理论知识的运用不是机械地照搬而是实事求是地创造性运用。

增强改革创新本领要强化业务学习。习近平总书记在中央党校建校 80 周年的庆祝大会上指出，要坚持干什么学什么、缺什么补什么，有针对性地学习掌握做好领导工作、履行岗位职责所必备的各种知识，努力使自己真正成为行家里手、内行领导。而早在新中国成立初期，毛泽东就把业务能力提到了关系着革命成败的高度。领导干部的岗位特殊性决定了他们要着眼大局、把握方向、科学决策，这就要求领导干部要强化业务学习，提高业务能力和处理问题的水平，对业务规律的不熟悉只会造成决策的盲目，进而导致改革创新受阻。强化业务学习就需要掌握行业规律，包括业务对象、业务基础知识以及工作方法等，进而针对业务中出现的问题进行有效的改革创新。另外，随着社会的进步，行业发展水平也在不断提高，以往业务水平高的人并不代表未来也有较高的业务水平，所以要求领导干部树立不断学习的观念，不断提高自己的业务水平以适应行业的不断发展。

增强改革创新本领需要培养互联网思维。随着科学技术的革新，互联网已深深地融入经济社会发展之中，互联网以其共享性、时空性、交互性、快捷性等特点成为越来越多行业的基础设施。互联网思维就是在互联网情境下，充分利用大数据等新兴技术进行改革创新的思维。领导干部培养互联网思维，首先要提高利用互联网获取信息能力和对信息的判断选择能力，要及时获取社会和行业最新动态，适时作出相应决策和判断，以更好地指导工作。其次要对互联网所反映的多元化舆论作出回应，增强沟通能力，维护网络和现实社会的良好秩序。再次要强化学习“互联网+”战略，将互联网与行业有机结合，开发新的行业发展方式。最后要坚持以民为本，互联网更及时地反映出了广大人民群众对政策决定的态度，这要求领导干部充分利用互联网了解民意，对于人民群众的需求还是要回到现实中予以解决，实现“线上”与“线下”的有力结合。

（三）注重调查研究是增强改革创新本领的途径

习近平总书记指出：“调查研究是谋事之基、成事之道。没有调查，就没有发言权，更没有决策权。”改革创新要解决什么样的问题、实现什么样的发展都来自于调查研究。调查研究有助于领导干部了解群众需求、认识客观世界、获得实践经验。

做好调查研究首先要找准问题。要围绕党中央的路线方针政策，以新时代中国特色社会主义为指导，密切关注与人民群众相关的热点问题，以当前的重大战略课题为重点开展调查研究，以调查研究的有效成果为党和政府的决策服务。其次，“调查研究要深入实际、深入基层、深入群众”。人民群众是社会实践的主体，领导干部的调查研究不能仅局限于下级部门，而要深入最基层的人民群众，聆听最真切的声音，获得最真实的情况，将部门单位的声音与基层群众的声音进行有效的比对，得出真实的调查结果，否则，调查研究毫无意义。最后，调查研究要经常进行。政策的制定、执行和效果的检验都需要调查研究，要使调查研究成为一项经常性活动而不是走马观花式的形式。

调查研究要坚持实事求是的原则。实事求是是马克思主义的精髓和灵魂，是党的思想路线，是调查研究的重要原则，也是改革创新的重要原则。历史实践证明，党和政府坚持实事求是的原则，事业就会取得胜利，违反实事求是的原则，事业就会受挫。调查研究就是要了解真实情况、追寻真理、以调查的实际情况去修改完善政策，要破除针对上级政策捏造调查研究结果的现象，真正地做到一切从实际出发，理论联系实际，把握事物的具体情况和规律，为改革创新提供正确的决策判断。

（四）营造改革创新氛围是增强改革创新本领的土壤

良好的改革创新氛围滋养了具有改革创新本领的领导人才，而氛围的缺失只会扼杀领导干部的改革创新本领。

营造改革创新氛围首先要创造宽松的环境，保护改革创新的想法，建立容错纠错机制，宽容改革创新中的失误。要支持和鼓励勇于探索、求新求异的行为，尊重领导干部的新想法和新提议，对于这些新想法和新提议，应该是积极求证，以实事求是的态度决定采纳或予以拒绝，避免出现因其与上级政策不符就一竿子打死的不作为态度。改革创新过程中难免会出现失误、遇到挫折，不能因为害怕失误和挫折就抛弃改革创新，要在领导干部中形成能够容忍失误和挫折的态度，只有这样才能鼓励领导干部积极改革创新，如果仅仅因为个别领导干部在改革创新过程中出现失误、遇到挫折就予以否定，就会导致领导干部畏缩不前、犹豫不定，就会失去改革创新的勇气。

营造改革创新氛围还要为改革创新创造条件。改革创新是破旧立新的过程，这项事业是艰巨而复杂的。一方面，改革创新可能会因触动某些阶层群体的固有利益而受到阻碍，这就需要为领导干部的改革创新创造条件以清理障碍，需要各个部门相互协调、共同论证，降低利益既得者的损失以保证改革创新的顺利进行。另一方面，改革创新是一项“前无古人”的事业，是“摸着石头过河”的探索，改革创新的想法是否科学、改革创新的举措是否具有可行性等需要实践经验和理论科学的双重验证，这需要为改革创新创造实践、理论等多方面的有利条件。

营造改革创新氛围需要建立支持改革创新的激励机制。精神和物质的激励是鼓励一项行为的有效方式。改革创新的风险大、创造的价值大，所以勇于改革创新的领导干部理应得到更大的精神和物质激励。这种激励应该形成制度，使其法制化、长期化，以此培养领导干部勤于改革创新、乐于改革创新的行为习惯。要完善激励机制，在激励机制中引入竞争机制，把职务的提升作为改革创新的有效激励。完善关于改革创新的负激励制度，对害怕担风险、不愿探寻新路的不作为行为予以惩戒。

第四章　贯彻新发展理念
增强科学发展本领

1978年以党的十一届三中全会召开为标志，经过近40年努力，中国的改革开放事业取得的成就举世瞩目，风景这边独好。在赢得世界惊羡目光的同时，我们还必须清醒地认识到当前我国经济规模的大而不强、经济增速的快而不优的现状。尤其我国经济发展进入新常态以来，伴随着国际上新一轮科技革命和产业革命孕育兴起，面临来自发达国家高端技术垄断和新兴经济体追赶超越的“时空挤压”；国内经济发展不平衡、不协调、不可持续的问题日益突出，经济与资源、人口、环境之间张力不断显露；无论是国际潮流的时代呼唤，还是国内发展的现实要求，要求各级党员领导干部比以往任何时候都更加需要增强科学发展的本领，这是世界后发国家实现现代化的必然，这是我国发展所处历史方位的必然，这是我国改革发展模式的必然。

党的十九大报告明确提出：“要增强科学发展本领，善于贯彻新发展理念，不断开创发展新局面。”[①]

一、增强科学发展本领的现实意义和理论意义

增强科学发展本领，是立足新时代中国特色社会主义的基本国情，总结新中国成立以来特别是改革开放以来的全部理论和发展实践，吸收借鉴国外一切优秀发展成果和成功经验，正确认识我国经济发展的阶段性特征而提出来的本领要求。

（一）增强科学发展本领的现实意义

和平与发展仍是当今时代的主题，发展是解决我国一切问题的基础和关键。我国发展进入新时代，要面临新矛盾、担当新使命、贯彻新思想、布局新方略。适应、把握、引领新常态，是当前和今后一个时期我国经济发展的大逻辑。

1. 增强科学发展的本领核心要义仍是发展

上个世纪，改革开放的总设计师邓小平曾说：“和平问题是东西问题，发展问题是南北问题。概括起来，就是东西南北四个字。南北问题是核心问题。”[②] 这一科学论断，高度概括了世界发展的时代主题和基本态势，为此后中国的和

---

① 习近平：《决胜全面建成小康社会　夺取新时代中国特色社会主义伟大胜利——在中国共产党第十九次全国代表大会上的报告》，人民出版社 2017 年版，第 68 页。

② 《邓小平文选》第三卷，人民出版社 1993 年版，第 105 页。

平外交政策和经济发展战略提供了科学的理论依据。时至今日，和平与发展仍是当今时代的主题，但是国际社会局部动荡、冲突、战争等影响世界和平的风险因素仍然长期存在，特别是传统安全和非传统安全因素相互交织，比如暴力恐怖主义、网络空间安全、民族分裂势力、宗教极端活动等，这是所有爱好和平的民族和国家所面临的共同挑战。今天人类生活的关联前所未有，同时人类面临的全球性问题也前所未有。正如习近平总书记在中国共产党和世界政党高层对话会上的主旨讲话中所说，要践行人类命运共同体理念，努力创建一个远离恐惧、普遍安全的世界，一个远离贫困、共同繁荣的世界，一个远离封闭、开放包容的世界，一个山清水秀、清洁美丽的世界。习近平总书记铿锵有力的庄严宣示，展示中国把握世界大势的眼光，共同维护世界和平稳定的决心和勇气，我国将与世界爱好和平的国家和人民一道，共商、共建、共享人类命运共同体，为人类和平与发展的崇高事业作出贡献。

邓小平牢牢把握和平与发展的时代主题，在南方谈话中提出“发展才是硬道理”，解决中国所有问题的关键要靠自己的发展，中国不仅要发展，而且要加快发展。他提出了一些著名论断：“现在，周边一些国家和地区经济发展比我们快，如果我们不发展或发展得慢，老百姓一比较就有问题了。”“对于我们这样发展中的大国来说，经济要发展的快一点，不可能总是那么平平静静、稳稳当当。要注意经济稳定、协调地发展，但是稳定和协调也是相对的，不是绝对的。发展才是硬道理。这个问题要搞清楚”①。坚持用发展的办法解决前进中的问题，是改革开放以来的一条重要经验。江泽民把发展提到了党执政兴国的第一要务的高度，从执政和兴国两个维度，全面阐述新的发展理论，这是对邓小平理论的继承和创新。胡锦涛形成了关于发展的重要思想——科学发展观，第一要义是发展，核心是以人为本，基本要求是全面协调可持续，根本方法是统筹兼顾，科学发展观理论的形成，标志着我们党对科学发展问题的认识达到一个新的高度。“发展是解决我国一切问题的基础和关键，发展必须是科学发展，必须坚定不移贯彻创新、协调、绿色、开放、共享的发展理念。”② 中国特色社会主义进入新时代，以习近平同志为核心的党中央，在面对深刻复杂变化的国际国内形势下，高瞻远瞩、谋篇布局，牢牢把握我国发展的阶段性特征，牢牢把握人民群众对美好生活的向往，提出新的思路、新的战略、新的举措，形成了以新发展理念为主要内容的习近平新时代中国特色社会主义思想。

---

① 《邓小平文选》第三卷，人民出版社 1993 年版，第 375、377 页。

② 习近平：《决胜全面建成小康社会　夺取新时代中国特色社会主义伟大胜利——在中国共产党第十九次全国代表大会上的报告》，人民出版社 2017 年版，第 21 页。

由此可见，无论是和平与发展的时代主题、国际潮流，还是解决国内一切问题的现实要求，我国发展仍处于重要战略机遇期，机遇与挑战并存，发展对于党和国家事业的继续前进具有重大意义，增强科学发展的本领核心要义就是增强发展的本领。习近平指出："面对重重挑战和道道难关，我们必须攥紧发展这把钥匙。唯有发展，才能消除冲突的根源。唯有发展，才能保障人民的基本权利。唯有发展，才能满足人民对美好生活的热切向往。"①

2. 增强科学发展的本领首要立足"新时代"

纵览新中国成立以来我国经济社会发展的全部实践，可以得出一个基本经验：党和国家的事业并不是一帆风顺，中国特色社会主义从来都是在开拓中不断向前推进，可以说，什么时候把握了社会主义阶段特征、社会主要矛盾，我们的事业就会稳扎稳打地推进新的高度，什么时候我们背离了社会主义阶段特征、社会主要矛盾，就容易犯思想上的"左"的错误或者"右"的错误，给我们的事业造成严重的损失。因此，增强科学发展的本领，必须立足于新的时代条件和历史方位——新时代中国特色社会主义。

"经过长期努力，中国特色社会主义进入了新时代，这

① 《谋共同永续发展　做合作共赢伙伴——在联合国发展峰会上的讲话》，《人民日报》2015 年 9 月 27 日。

是我国发展新的历史方位。”[①] 这充分说明以习近平同志为核心的党中央对我国发展阶段作出了具有划时代意义的重大判断，即中国特色社会主义进入了新时代。思考“新时代中国特色社会主义”的历史定位，一方面是基于改革开放近40年所创造的举世瞩目的伟大成就，在中国特色社会主义伟大实践中开创的道路、探索的理论、建立的制度、形成的文化。正如习近平总书记所说：“中国特色社会主义是改革开放以来党的全部理论和实践的主题，是党和人民历尽千辛万苦、付出巨大代价取得的根本成就。”[②]另一方面是基于党的十八大以来党和国家事业取得的历史性成就和发生的历史性变革，“五年来，我们党以巨大的政治勇气和强烈的责任担当，提出一系列新理念新思想新战略，出台一系列重大方针政策，推出一系列重大举措，推进一系列重大工作，解决了许多长期想解决而没有解决的难题，办成了许多过去想办而没有办成的大事，推动党和国家事业发生历史性变革”[③]，即同一个过程的两个方面共同昭示中国特色社会主义进入新

---

① 习近平：《决胜全面建成小康社会　夺取新时代中国特色社会主义伟大胜利——在中国共产党第十九次全国代表大会上的报告》，人民出版社2017年版，第10页。

② 习近平：《决胜全面建成小康社会　夺取新时代中国特色社会主义伟大胜利——在中国共产党第十九次全国代表大会上的报告》，人民出版社2017年版，第16页。

③ 习近平：《决胜全面建成小康社会　夺取新时代中国特色社会主义伟大胜利——在中国共产党第十九次全国代表大会上的报告》，人民出版社2017年版，第8页。

时代的历史方位。

“中国特色社会主义进入新时代，我国社会主要矛盾已经转化为人民日益增长的美好生活需要和不平衡不充分的发展之间的矛盾。”① 党的十八大以来，中国特色社会主义进入新时代，伴随着社会主要矛盾的“转化”，即由“人民日益增长的物质文化需要同落后的社会生产之间的矛盾”转向“人民日益增长的美好生活需要和不平衡不充分的发展之间的矛盾”。毋庸置疑，任何时候社会主要矛盾必然包含着生产和生活（供给和需要）两个方面，增强科学发展的本领，必须准确把握新时代中国特色社会主义的社会主要矛盾，坚持“变与不变”的辩证哲学思维。就理论层面而言，“变”体现在我国社会主要矛盾发生了“转变”，随着发展人民对物质文化的需要进入一个高层次、高质量、高水平的阶段，而我国发展仍处于不平衡不充分的阶段，这是一种供需矛盾的“转变”，并不是社会主要矛盾的本质变化。因此，习近平总书记指出：“我国社会主要矛盾的变化，没有改变我们对我国社会主义所处历史阶段的判断，我国仍处于并将长期处于社会主义初级阶段的基本国情没有变，我国是世界最大发展

① 习近平：《决胜全面建成小康社会　夺取新时代中国特色社会主义伟大胜利——在中国共产党第十九次全国代表大会上的报告》，人民出版社 2017 年版，第 11 页。

中国家的国际地位没有变。”[①]就实践层面而言，社会主要矛盾的“转变”是关系全局的历史性变化，对党和国家工作提出了许多新要求，同时“不变”是基本国情、最大实际，必须牢牢坚持党的基本路线，这是国家的生命线、人民的幸福线。所以，增强科学发展的本领，必须牢牢立足于新时代中国特色社会主义，准确把握面临的新矛盾，勇于担当历史赋予的新使命，坚定不移贯彻习近平新时代中国特色社会主义思想和基本方略。

3. 增强科学发展的本领基本逻辑是“新常态”

只有科学认识当前经济形势——新常态，才能准确研判未来走势、破解发展难题困境，这是增强科学发展本领的题中应有之义，即观大势、谋全局、干实事。改革开放以来，中国经济每年保持了较高的增长速度，创造了举世瞩目的“中国奇迹”，开辟了后发国家实现现代化和中华民族伟大复兴的中国道路。2014 年 5 月，习近平总书记在河南考察时的讲话中指出，我国发展仍处于重要战略机遇期，我们要增强信心，从当前我国经济发展的阶段性特征出发，适应新常态，保持战略上的平常心态。此后，习近平总书记在多次讲话中阐述了“新常态”的内涵并指出中国经济

① 习近平：《决胜全面建成小康社会　夺取新时代中国特色社会主义伟大胜利——在中国共产党第十九次全国代表大会上的报告》，人民出版社 2017 年版，第 12 页。

呈现出新常态有几个主要特点："增长速度要从高速转为中高速，发展方式要从规模速度型转向质量效率型，经济结构调整要从增量扩能为主转向调整存量、做优增量并举，经济发展动力要从主要依靠资源和低成本劳动力等要素投入转向创新驱动。"①

"我国经济发展进入新常态，是我国经济发展阶段性特征的必然反映，是不以人的意志为转移的。认识新常态，适应新常态，引领新常态，是当前和今后一个时期我国经济发展的大逻辑。"② 习近平总书记提出的"新常态"重大战略判断，深刻揭示了中国当前经济发展阶段的新变化，准确研判了中国未来一段时期的宏观经济形势，充分展现了党中央高瞻远瞩的战略眼光和决策定力。在经济新常态下，增强科学发展的本领必须立足当前，着眼长远，审时度势，清醒认识中国经济阶段性特征，奋力推进供给侧结构性改革，树立和贯彻新的发展理念，不断促进经济社会持续健康发展，做好认识新常态、适应新常态、引领新常态的大文章；增强科学发展的本领，必须统筹考虑和综合运用国际国内两个市场、两种资源、两类规则，把握我国发展的重要战略机遇期，积极争取、努力作为，逐步实现发展方式转变、经济结

① 《习近平谈治国理政》第二卷，外文出版社 2017 年版，第 245 页。

② 中共中央文献研究室编：《十八大以来重要文献选编》（中），中央文献出版社 2014 年版，第 245 页。

构调整优化、新旧动能转换、确立世界竞争中新优势；增强科学发展的本领，必须坚持以人民为中心的发展思想，统筹推进“五位一体”总体布局和协调推进“四个全面”战略布局，顺应时代发展进步的潮流和人民对美好生活的向往；增强科学发展的本领，必须坚持正确工作策略和方法，稳中求进，紧扣我国社会主要矛盾变化，积极稳健地把伟大事业向前推进。

（二）增强科学发展本领的理论意义

增强科学发展的本领，是马克思主义关于发展的世界观和方法论的集中体现，对加强中国共产党的执政本领建设、继承和发展关于发展的重要思想理论、坚持和发展中国特色社会主义具有重要理论意义。

1. 增强科学发展的本领彰显了我党加强自身执政本领建设的行动自觉

“本领不足、本领恐慌、本领落后”一直都是中国共产党时刻警惕的风险考验，尤其是在面对纷繁复杂的国际国内执政环境，如何顺应时代发展的潮流大势，不断在化解矛盾、平息冲突和解决问题中，不断将“中国号”巨轮引向成功的彼岸，这个过程不会是一帆风顺的，中国共产党会面临一个又一个考验、一个又一个难题。实现“两个一百年”奋斗目标和中华民族伟大复兴的中国梦，要求各级领导干部有本领不够的危机感，以时不我待的精神，一刻不停地增强本领，尤其是增强科学发展的本领。习近平在中央党校建校80周年庆祝大会上强调，现在我们遇到的问题中，有些是老问题，或者是我们长期努力解决但还没有解决好的问题，或者是有新的表现形式的老问题，但大量是新出现的问题……不论是新问题还是老问题，不论是长期存在的老问题还是改变了表现形式的老问题，要认识好、解决好，唯一的途径就是增强我们自己的本领。在十九大报告中，新时代中国特色社会主义基本方略回答了“时代之问”，十四条基本方略以“坚持党对一切工作的领导”开篇，以“坚持全面从严治党”结束，充分体现了中国共产党对承担执政使命、加强执政本领、应对执政考验的行动自觉。“党政军学民，东西南北中，党是领导一切的。”[①] 后发现代化的国情和渐近的改革模式是“中国特色社会主义最本质特征是中国共产党的领导”的形成语境，党作为最高政治力量，必须增强科学发展的本领以满足新时代中国特色社会主义的执政要求，增强科学发展的本领彰显了我党加强自身执政本领建设的行动自觉。

2. 增强科学发展的本领体现了我党继承和发展关于发展思想的理论自觉

中国共产党为推动中国社会的发展进行了艰苦卓绝的探

---

① 习近平：《决胜全面建成小康社会　夺取新时代中国特色社会主义伟大胜利——在中国共产党第十九次全国代表大会上的报告》，人民出版社2017年版，第20页。

索，以毛泽东、邓小平、江泽民、胡锦涛为代表的中国共产党人对中国社会发展问题进行了不懈的努力，从“四个现代化”到“发展才是硬道理”，从“发展是党执政兴国的第一要务”到“科学发展观”，形成了极为丰富的关于发展的思想，回答了实现什么样的发展、怎么发展的理论课题，根据新形势、新矛盾、新课题、新任务，着力把握发展规律，创新发展理论，转变发展方式，破解发展难题，提高发展质量和效益，奋力开拓中国特色社会主义更为广阔的前景。党的十八大以来，以习近平同志为核心的党中央，紧密结合新的时代条件和实践要求，在深刻认识三大规律的基础上，进行持续思考、艰辛理论探索，形成了以新发展理念为主要内容的习近平新时代中国特色社会主义思想。增强科学发展的本领就是要提高党员干部把握方向、谋划全局、提出战略、制定政策、推进改革的能力，充分体现了我党继承和发展关于发展思想的理论自觉。

3. 增强科学发展的本领宣示了我党坚持和发展中国特色社会主义的政治自觉

“在改革开放三十多年一以贯之的接力探索中，我们坚定不移高举中国特色社会主义伟大旗帜，既不走封闭僵化的老路、也不走改旗易帜的邪路。”① 增强科学发展的本领就是

① 中共中央文献研究室编：《十八大以来重要文献选编》（中），中央文献出版社2014年版，第9页。

要坚定不移地走中国特色社会主义道路，必须倍加珍惜、始终坚持、不断发展。中国特色社会主义道路来之不易，凝聚几代中国共产党的心血和奋斗历程。党的十八大以来，中国特色社会主义进入新的发展阶段，党和国家的事业发生了历史性变革，以习近平同志核心的党中央站在我国社会发展的历史方位上高瞻远瞩、谋篇布局，担负起中华民族“强起来”的历史使命，一张蓝图绘到底。增强科学发展的本领就是要在中国特色社会主义的康庄大道上继续前进，在中国特色社会主义的伟大实践中实现伟大梦想，因此，增强科学发展的本领是全面建成小康社会、基本实现现代化到全面建成社会主义现代化强国的本领要求，宣示了我党高度的政治自觉。

二、新时代增强科学发展本领的新要求

增强科学发展的本领，是立足“新时代”，把握“新常态”，谋求“新发展”，为此，要坚定不移贯彻创新、协调、绿色、开放、共享的新发展理念，统筹推进“五位一体”总体布局，协调推进“四个全面”战略布局，不断增强我国经济创新力和竞争力，不断开创发展新局面。

（一）增强科学发展的本领要求坚定不移地贯彻新发展理念

党的十八届五中全会提出的五大发展理念，体现了对新

的发展阶段基本特征的准确判断，体现了对社会主义本质要求和发展方向的科学把握，标志着我们党对经济社会发展规律的认识达到了新的高度。“发展理念是发展行动的先导，是管全局、管根本、管方向、管长远的东西，是发展思路、发展方向、发展着力点的集中体现。发展理念搞对了，目标任务就好定了，政策举措也就跟着好定了。为此，建议稿提出了创新、协调、绿色、开放、共享的发展理念，并以这五大发展理念为主线对建议稿进行谋篇布局。”① 五大发展理念的确立，是对改革开放三十多年中国特色社会主义发展经验的继承和发展，反映出我党对经济社会发展规律认识的深化，是关乎我国发展全局的一场深刻变革，致力于破解发展难题、厚植发展优势，以实现全面建成小康社会和实现中华民族伟大复兴的中国梦的目标。

创新，注重的是解决发展动力问题。中国共产党人继承和发展了马克思主义关于科学技术是生产力的观念并强调自主创新的重要性，强调“科学技术是第一生产力”②，强调创新对发展的引领推动作用。习近平总书记指出：“创新是一个民族进步的灵魂，是一个国家兴旺发达的不竭动力，也是中华民族最深沉的民族禀赋。”③

---

① 中共中央文献研究室编：《十八大以来重要文献选编》（中），中央文献出版社 2014 年版，第 774 页。

② 《邓小平文选》第三卷，人民出版社 1993 年版，第 377 页。

③ 《习近平谈治国理政》，外文出版社 2014 年版，第 59 页。

可以说我国现阶段比历史上任何一个时期都更加需要用创新促进市场资源优化配置，更加需要用创新调动社会一切积极因素，更加需要用创新牵引经济社会持续发展。协调，注重解决发展不平衡问题。毋庸讳言，我国发展不平衡、不协调、不可持续的问题，特别是区域发展不平衡、城乡发展不协调、产业结构不合理、经济和社会“一条腿长，一条腿短”等矛盾突出，以协调发展理念引领经济社会发展，必须增强大局意识、协同意识，补短意识，把协调发展贯穿于发展各方面、全过程，增强发展的整体性。绿色，注重的是解决人与自然和谐问题，是永续发展的必要条件和人们对美好生活追求的期盼，强调绿色发展是发展形势的“倒逼”，确立绿色发展理念，要坚持节约资源和保护环境的基本国策，要坚持绿水青山就是金山银山的发展方式，要走生产发展、生活富裕、生态良好的文明发展道路，形成人与自然的和谐发展现代化建设新格局。开放，注重的是解决发展内外联动问题，是国家繁荣的必由之路。必须进一步丰富对外开放内涵，发展更高层次的开放型经济，加快推进“一带一路”建设，积极参与全球经济治理，努力开创对外开放新局面。共享，注重的是解决社会公平正义问题，着力增进人民福祉，在发展中保障和改善民生。“必须多谋民生之利、多解民生之忧，在发展中补齐民生短板、促进社会公平正义，在幼有所育、学有所教、劳有所得、病有所医、老有所养、住有所居、弱有所扶上不断取得新进展，深入开展脱贫攻坚，保证全体人民在共建共享发展中有更多获得感，不断促进人的全面发展、全体人民共同富裕。”①

增强科学发展的本领，意味着对传统发展思路和发展方式的根本转变，意味着坚持发展问题导向，解决我国发展中的突出矛盾，意味着总结发展经验和教训，实现尊重自然规律、经济规律、社会规律的科学发展。创新是引领发展的第一动力，协调是持续健康发展的内在要求，绿色是永续发展的必要条件和人民对美好生活追求的重要体现，开放是国家繁荣发展的必由之路，共享是中国特色社会主义的本质要求。创新、协调、绿色、开放、共享的发展理念，相互贯通、相互促进，有着深刻的内在联系，这五大发展理念，既各有侧重又相互支撑，共同构成了一个开辟未来发展前景的顶层设计，构成了一个系统化、科学化的逻辑体系。所以，贯彻五大发展理念不能顾此失彼、偏废一方，也不能相互替代，应该坚持全面性、辩证性、系统性的实践思维，掌握科学性、统筹性的实践方法，哪一个发展理念贯彻不到位，中

① 习近平：《决胜全面建成小康社会 夺取新时代中国特色社会主义伟大胜利——在中国共产党第十九次全国代表大会上的报告》，人民出版社 2017 年版，第 23 页。

国特色社会主义发展进程都会受到影响。

（二）增强科学发展的本领要求统筹推进“五位一体”总体布局

新时代中国特色社会主义事业“五位一体”总体布局不是一蹴而就的，也不是现成的，而是在遵循人类社会发展基本规律的基础上，在我国经济社会的发展实践中不断丰富发展起来的。改革开放以来，中国特色社会主义事业总体布局经历了从社会主义物质文明和社会主义精神文明“两个文明”一起抓，到建立社会主义市场经济体制、社会主义民主法治建设和精神文明建设“三位一体”总体布局协调发展，再到全面推进建设社会主义市场经济、社会主义民主政治、社会主义先进文化、社会主义和谐社会“四位一体”总体布局，最后到2012年党的十八大报告中，把生态文明建设纳入中国特色社会主义事业总体布局，至此，中国特色社会主义事业“五位一体”总体布局才得以确立。新时代中国特色社会主义事业“五位一体”总体布局是一个相互联系、相互促进、相辅相成的有机统一体，其中增强经济建设丰富物质财富是根本，增强政治建设发展政治民主是保障，增强文化建设提升精神文明是灵魂，增强社会建设营造社会和谐是条件，增强生态文明建设美丽中国是基础，共同致力于把我国建成富强民主文明和谐美丽的社会主义现代化强国的新目标。

增强科学发展的本领，必须统筹推进新时代“五位一体”总体布局，必须在实践中落实党的十九大部署。一是贯彻新发展理念，建设现代化经济体系，深化供给侧结构性改革，加快建设创新型国家，实施乡村振兴战略，实施区域协调发展战略，加快完善社会主义市场经济体制，推动形成全面开放新格局，解放和发展社会生产力，激发全社会创造力和发展活力，才能实现更高质量、更有效率、更加公平、更可持续的发展。二是健全人民当家作主制度体系，发展社会主义民主政治，坚持党的领导、人民当家作主、依法治国有机统一，用制度体系保证人民当家作主，体现人民意志、保障人民权益、激发人民创造活力。三是坚定文化自信，推动社会主义文化繁荣兴盛，立足当代中国现实，结合当代时代条件，发展面向现代化、面向世界、面向未来的，民族的科学的大众的社会主义文化，激发全民族文化创新创造活力，建设社会主义文化强国。四是提高保障和改善民生水平，加强和创新社会治理，形成有效的社会治理、良好的社会秩序，使人民获得感、幸福感、安全感更加充实、更有保障、更可持续。五是加快生态文明体制改革，建设美丽中国，形成人与自然和谐发展的现代化建设新格局。

（三）增强科学发展的本领要求协调推进“四个全面”战略布局

“四个全面”的战略布局，是以习近平同志为核心的党中央针对新时代、新形势下党和国家事业面临的新挑战、新机遇和新任务而逐步提出的重要战略思想和战略布局，是新时代治国理政和未来中国发展的战略指导方针，又是回顾“四个全面”的战略布局的形成历程，蕴涵着党中央对我国发展持续的理论思考、艰辛的理论创新：党的十八大将“建设”改成“建成”，提出了到2020年“全面建成小康社会”的目标任务，一字之差却标志着全面建成小康社会进入最后冲刺阶段；党的十九大报告中提出“从现在到2020年，是全面建成小康社会决胜期”；党的十八届三中全会提出全面深化改革，党的十八届四中全会提出了全面依法治国，在党的群众路线教育实践活动总结大会上提出全面从严治党并在党的十八届六中全会上正式以党的全会形式确立下来。2014年年底，习近平总书记在江苏调研时，首次提出了“全面建成小康社会、全面深化改革、全面推进依法治国、全面从严治党”的“四个全面”战略布局的科学思想。

增强科学发展的本领，协调推进“四个全面”战略布局，以全面小康凝聚中国力量实现中国梦，以深化改革激发创业活力拓宽中国道路，以依法治国规范社会秩序提升国家治理，以从严治党提供核心保证锻造坚强领导。由此可见，全面建成小康社会是战略目标，全面深化改革、全面推进依法治国、全面从严治党是战略举措。“四个全面”战略布局的每一个方面都突出强调“全面”，是目标与举措、全局与重点的有机统一。“四个全面”战略布局有机联系、相互贯通，“四个全面”战略布局是相辅相成、相得益彰的战略统筹，是立足我国发展面临的现实问题，回应人民群众对美好生活的殷切期待，是马克思主义理论与中国实际问题相结合的我们党治国理政战略的新飞跃，为我国改革开放和社会主义现代化事业行稳致远指明方向，为如期实现“两个一百年”奋斗目标和中华民族伟大复兴提供顶层设计和战略指引。

三、增强科学发展本领的现实路径

中国特色社会主义进入“新时代”，我国经济发展呈现“新常态”，牢牢扭住发展的“牛鼻子”，必须依靠增强科学发展本领，为经济社会保持平稳健康发展定好向、掌好舵，必须贯彻稳中求进工作总基调，妥善应对风险挑战。做到因势而谋、因势而动、因势而进，坚持以推进供给侧结构性改革为主线，贯彻新发展理念，坚持以人民为中心的发展思想，注重保障和改善民生，坚持以创新驱动战略为抓手，谋求高质量发展，这将是增强科学发展本领的关键，需持之以恒、久久为功。

（一）坚持以深化供给侧结构性改革为主线，建设现代化经济体系

增强科学发展的本领，准确把握推进供给侧结构性改革

的主攻方向是提高供给质量，根本途径是深化改革，最终目的是满足需求。2016 年 12 月 14 日至 16 日召开的中央经济工作会议提出，以推进供给侧结构性改革为主线，深化供给侧结构性改革是当前和今后很长一段时期经济工作的核心任务和重中之重。“供给侧结构性改革，重点是解放和发展社会生产力，用改革的办法推进结构调整，减少无效和低端供给，扩大有效和中高端供给，增强供给结构对需求变化的适应性和灵活性，提高全要素生产率。”① 从这个意义上讲，供给侧结构性改革既关注供给又关注需求，既关注社会生产力又关注社会生产关系，既关注市场在资源配置中的决定性作用又关注更好发挥政府作用。比如供给和需求，推进供给侧结构性改革，并不是忽视需求侧的问题，从现阶段的发展情势来看，新常态下我国经济所面临的问题是供给和需要都有，但矛盾的主要方面以供给侧为主。“我国经济已由高速增长阶段转向高质量发展阶段，正处在转变发展方式、优化经济结构、转换增长动力的攻关期，建设现代化经济体系是跨越关口的迫切要求和我国发展的战略目标。”② 对经济形势作出的重大判断、对经济工作作出的重大决策、对经济工作思想方法作出的重大调整，是符合我国经济发展实际的，

---

① 《习近平谈治国理政》第二卷，外文出版社 2017 年版，第 252 页。

② 习近平：《决胜全面建成小康社会　夺取新时代中国特色社会主义伟大胜利——在中国共产党第十九次全国代表大会上的报告》，人民出版社 2017 年版，第 30 页。

必须坚持以供给侧结构性改革为主线。2016 年是我国供给侧结构性改革元年，以“三去一降一补”五大任务为抓手，供给侧结构性改革取得初步成效。但是，我国经济运行仍存在不少突出矛盾和问题，比如产能过剩和需求结构升级矛盾突出，经济增长内生动力不足，金融风险有所积聚，部分地区困难增多，等等，需要进一步深化供给侧结构性改革，拓宽改革领域、深入体制机制、振兴实体经济，抓重点、补短板、强弱项，推动经济领域大变革、大调整，推动新技术、新产业、新业态蓬勃发展，增强我国经济创新力和竞争力，最终实现中国制造向中国创造、中国速度向中国质量、制造大国向制造强国的蜕变。

增强科学发展本领，完善社会主义市场经济体制，建设现代化经济体系。目前，中国特色社会主义市场经济体制遇到的深层次的阻碍，主要体现在市场体系发育中存在问题，比如政府权力对市场体系的不合理介入，使得市场机制自身的供求机制、价格机制与竞争机制无法充分发挥作用；市场秩序混乱，市场运行出现种种矛盾与摩擦，运行机制不合理，市场行为的无规则或者潜规则流行，比如垄断和寻租；市场法治环境建设滞后，惯用政策调控的方式对微观经济活动直接干预，出现强政策、弱法治的不合理格局。因此，在十九大报告中，习近平总书记指出：“经济体制改革必须以完善产权制度和要素市场化配置为重点，实现产权有效激励、要素自由流动、价格反应灵活、竞争公平有序、企业优胜劣汰。”① 由此可见，增强科学发展的本领，还要在实现经济发展方式转变的同时，做到破除僵化认识、深化政治体制改革、转变政府经济职能上狠下功夫，建设现代化经济体系。

（二）坚持以人民为中心的发展思想，在发展中保障和改善民生

按照马克思主义历史唯物主义的观点，人民群众是人类历史的创造者，密切联系群众是中国共产党区别于其他任何政党的一个显著标志，以人民为中心的根本立场贯穿于党和国家不同的历史发展时期。在革命年代，党和人民群众在浴血奋战中结合而成了血肉关系、鱼水关系，在社会主义现代化建设和改革开放的新时期，这种关系在表现形式上发生了明显的变化，以人民为中心就是要在制度设计安排层面推进国家治理体系和治理能力的现代化，使全体人民在共建共享发展中有更多获得感、幸福感和满足感，形成人民、国家与执政党三者之间的良性互动、内在支持。

新时代增强科学发展的本领，更加要求做到尊重民意、为民谋利，坚持以人民为中心的发展思想。中国特色社会主

---

① 习近平：《决胜全面建成小康社会　夺取新时代中国特色社会主义伟大胜利——在中国共产党第十九次全国代表大会上的报告》，人民出版社 2017 年版，第 33 页。

义进入新时代，物质财富相对丰富的同时，人民对于公平正义、民主法治、生态环境、医疗教育、社会保障等方面追求更加强烈，直接关系着人民群众的获得感、幸福感和满足感。习近平总书记在省部级主要领导干部“学习习近平总书记重要讲话精神，迎接党的十九大”专题研讨班开班式上的讲话中强调：“经过改革开放近 40 年的发展，我国社会生产力水平明显提高；人民生活显著改善，对美好生活的向往更加强烈，人民群众的需要呈现多样化多层次多方面的特点，期盼有更好的教育、更稳定的工作、更满意的收入、更可靠的社会保障、更高水平的医疗卫生服务、更舒适的居住条件、更优美的环境、更丰富的精神文化生活。”① 中国特色社会主义进入新时代，我国社会主要矛盾发生“转变”，增强科学发展的本领，必须充分认识到我国社会主要矛盾发生的关系全局的历史性变化，必须充分认识到“社会主义初级段基本国情”与“最大发展中国家国际地位”没有变。

增强科学发展的本领，把人民对美好生活的向往当作奋斗目标，不忘初心、牢记使命，在发展中保障和改善民生，“保障和改善民生没有终点，只有连续不断的起点”②。“必须多谋民生之利、多解民生之忧，在发展中补齐民生短板、

① 《高举中国特色社会主义伟大旗帜　为决胜全面小康社会实现中国梦而奋斗》，《人民日报》2017 年 7 月 28 日。

② 《习近平谈治国理政》第二卷，外文出版社 2017 年版，第 362 页。

促进社会公平正义，在幼有所育、学有所教、劳有所得、病有所医、老有所养、住有所居、弱有所扶上不断取得新进展，深入开展脱贫攻坚，保证全体人民在共建共享发展中有更多获得感，不断促进人的全面发展、全体人民共同富裕。”① 这既是增强科学发展的本领要求，也是社会主义本质的内在要求，充分体现了社会主义制度的优越性。

（三）坚持以创新驱动战略为抓手，加快建设创新型国家

“创新是引领发展的第一动力，是建设现代化经济体系的战略支撑。”② 增强科学发展的本领，要求发展模式和结构的革命性突破、发展内生动力的创造性转换和发展质量效能的实质性跃升，即创新驱动发展，必须坚持以创新驱动战略为抓手，加快建设创新型国家。结合后发现代化国家的国情探索创新驱动发展的关键路径时，需要正确处理体制机制改革与科技创新关系、政府行为和市场功能的关系及制度建设和文化涵养的关系，这三对关系是互相影响作用又互相交织强化，既要分别理清定位，处理彼此的交叉矛盾，又要全

① 习近平：《决胜全面建成小康社会　夺取新时代中国特色社会主义伟大胜利——在中国共产党第十九次全国代表大会上的报告》，人民出版社 2017 年版，第 23 页。

② 习近平：《决胜全面建成小康社会　夺取新时代中国特色社会主义伟大胜利——在中国共产党第十九次全国代表大会上的报告》，人民出版社 2017 年版，第 31 页。

面统筹有机统一，真正实现用创新发展的科学理念为我国经济注入新的动能，释放全社会创新创业的力量源泉，从而形成我国经济发展的新引擎。

首先，要坚持政府和市场的“两点论”，找准市场功能和政府行为的最佳结合点，把政府、企业、科技人才有机统一起来，使“看得见的手”和“看不见的手”各司其职而又协调互动、相互补充、相互促进，切实把市场和政府的优势发挥出来，更好地体现社会主义市场经济体制的特色和优势，激发创造全社会创新创业的活力，推动创新发展迈向新台阶。其次，科技体制改革是体制改革的重要组成部分，体制改革是科技创新的先行军、点火器。当然，深化体制改革是复杂系统工程，每一项改革措施都会对其他改革领域产生重要影响，每一项改革目标落实又同时需要其他改革的协调配合，所以科技体制改革既要发挥对科技创新的引领作用，又要协同配合全国改革的一盘棋，用整体性、全局性、战略性、系统性的思维深刻把握科技体制改革先行引领作用。最后，实现我国创新驱动发展既要从制度层面建立完善，也要从文化层面进行培育涵养。一方面，文化是一种价值理念，能够敦促人自觉地遵守制度。在全社会培育创新型文化，不仅有利于制度层面的落实，同时有利于形成尊重知识、尊重创新、尊重产权的共识和勇于创新、敢去创新、宽容失败的社会氛围；另一方面，制度是一种行为规范、准则，需要匹配的文化进行涵养，一定程度上也能减少逾越规则、践踏制度的现象，保障制度建设的顺利推进。

总之，增强科学发展的本领，必须正确处理体制改革与科技创新、政府行为与市场功能和制度建设与文化涵养的辩证关系，实现创新驱动发展战略才有预期，经济发展才会进入由生产要素驱动、投资驱动向创新驱动方式转变的持续稳步增长阶段，有效解决经济与人口、资源、环境之间矛盾，在世界经济浪潮中赢得发展的主动权和占有先机。实现创新驱动发展战略是一个整体性工程，适应我国经济发展新常态既要立足“发展才是硬道理”的核心目标，又要牢牢牵引创新的“第一动力”牛鼻子；既考虑现阶段发展需要和实际能力，又兼顾长远战略和发展共享，做到有所为有所不为。

第五章　把握执政规律　增强依法执政本领

党的十九大报告提出要全面增强执政本领，这就在新时代向全党发出了全面增强执政本领的有力号召。当前，面临新时代的新形势和新任务，增强党的执政本领，提升党的领导水平，既是客观紧迫需要，又是我们党应自觉担当的政治责任，必须深入学习，严格落实。党的十九大报告指出："增强依法执政本领，加快形成覆盖党的领导和党的建设各方面的党内法规制度体系，加强和改善对国家政权机关的领导。"① 这就要求我们深刻把握新时代增强依法执政本领的重要意义，深入理解新时代增强依法执政本领的新要求，明确新时代增强依法执政本领本领的努力方向。

一、增强依法执政本领的重要意义

在党的十九大报告所提出的全面增强执政本领的八个方

① 习近平：《决胜全面建成小康社会　夺取新时代中国特色社会主义伟大胜利——在中国共产党第十九次全国代表大会上的报告》，人民出版社 2017 年版，第 68—69 页。

面里，“增强依法执政本领”可谓意义丰富。它既是十八大以来全面依法治国和全面从严治党的必然需要，也是全面深化改革时期对党的执政能力所提出的内在要求，更是十九大所提出的习近平新时代中国特色社会主义思想的重要内容。认真对待“增强依法执政本领”这个重大命题，充分发挥其在治国理政中的重要作用，需要我们进一步增强责任感和紧迫感，把依法执政的要求贯彻落实到各方面的工作中去，在真抓实干中全面增强自身的依法执政本领，从而进一步推进伟大斗争、建设伟大工程、推进伟大事业、实现伟大梦想。

（一）增强依法执政本领是党长期以来执政经验和治理智慧的科学总结

回顾历史，从新中国成立开始，一直到党的十一届三中全会，可以说我们党治国理政的主要方式都还停留在以前民主革命时期的领导方式和执政思路，即重视和依赖于党的路线、方针、政策在国家治理中的重要作用，往往“依政策办事”而非“依法办事”，制度化、规范化治理思维很不到位。而且由于多种复杂的原因，没有将党内民主和国家政治社会生活的民主加以制度化、法律化，或者虽然制定了法律，却没有相应的权威，以致出现了“文化大革命”时期的混乱状态，致使国家宪法和法律成为一纸具文，使党、国家和人民的事业遭受了严重的挫折和损失，教训极为深刻。

从党的十一届三中全会开始，以邓小平同志为核心的党的第二代中央领导集体拨乱反正，在充分认识到忽视法制建设所带来严重危害的基础上，进行了深刻的反思，开始高度重视并及时把恢复和重建社会主义民主法制作为党和国家的重要议题。经过二十多年的建设，国家法律、政治制度体系不断健全日趋完善，社会主义民主政治建设不断向前发展。而后，在不断总结中国共产党执政经验的基础上，以江泽民同志为核心的党的第三代中央领导集体在十五大提出了“依法治国”这一党领导人民治理国家的基本方略，党的十六大进而又提出要改革和完善党的领导方式和执政方式，坚持依法执政，不断提高执政能力等要求。

在对我们党执政方式历史演进的梳理中可以发现，“依法治国”是对邓小平民主法制理论的丰富和发展，而“依法执政”则是对依法治国基本方略的进一步深化。“依法治国”和“依法执政”都是中国共产党对正反两方面执政经验的深刻反思和科学总结。

当前我国正处于历史接力的新时代，增强依法执政本领，是我们党领导人民长期探索治国之道的历史经验、不断深化对共产党执政规律认识的科学升华。依法执政，就是党坚持依法治国的基本方略，领导立法，严格执法，带头守法，全面推进国家经济、政治、文化、生态、社会生活的法治化、规范化。在当代，国家生活和社会生活各领域、各方面制度化、规范化和程序化运行的法治程度，是衡量国家治理体系和治理能力现代化的重要指标，我们党必须和善于通过宪法法律来治国理政。坚持依法执政，自觉增强依法执政本领，集中反映了我们党在新时代治国理政方式的与时俱进和制度创新，突出体现了我们党作为执政党在领导国家法治建设、推进全面依法治国中的主动性、创造性和关键性。

增强依法执政本领，既是我们党总结和把握自身执政规律的客观要求，也是我们党在执政过程中艰辛探索的治理智慧的重要体现。放眼世界，依法执政可谓是当今政党执政的普遍规律和基本方式。我们党作为世界最大的政党，又面临着世界最大发展中国家的复杂治理形势，充分发挥法治在治国理政中的重要作用，是我们党经过多年探索形成的深刻治理智慧。

对此，习近平总书记曾深刻指出："中国共产党是中国特色社会主义事业的领导核心，处在总揽全局、协调各方的地位。社会主义法治必须坚持党的领导，党的领导必须依靠社会主义法治。法是党的主张和人民意愿的统一体现，党领导人民制定宪法法律，党领导人民实施宪法法律，党自身必须在宪法法律范围内活动，这就是党的领导力量的体现。党和法、党的领导和依法治国是高度统一的。我们就是在不折不扣贯彻着以宪法为核心的依宪治国、依宪执政。”①

（二）增强依法执政本领是全面推进深化改革、实现国家治理现代化的内在需要

党的十八大提出全面建成小康社会的奋斗目标，并作出全面深化改革、全面推进依法治国的战略部署。党的十八届三中全会进一步指出，全面深化改革的总目标是完善和发展中国特色社会主义制度、推进国家治理体系和治理能力现代化，并将推进法治中国建设作为全面深化改革的重要任务。其后，党的十八届四中全会强调依法治国是党领导人民治理国家的基本方略，依法执政是党治国理政的基本方式。当前，我国正处于全面建成小康社会的决定性阶段，全面深化改革进入攻坚期和深水区，面临的矛盾风险挑战之多前所未有，改革发展稳定任务之重前所未有。面对新时代空前复杂的治理形势和空前严峻的治理挑战，迫切需要更好发挥法治的引领和规范作用，以确保在法治轨道上推进改革，从而使全面深化改革做到既蹄疾又步稳，既生机勃勃又和谐有序。

新时代改革的环境和条件已经发生了许多重大变化，增强依法执政本领既是全面深化改革的内在需要，也是全面深

---

① 习近平：《在省部级主要领导干部学习贯彻十八届四中全会精神全面推进依法治国专题研讨班开班式上的重要讲话》，《人民日报》2015年2月2日。

化改革的有力保障。

从改革内容来说，新时代的改革是“全面深化”下的改革，不仅涉及经济，还包含政治、文化、军事、外交、国防、生态等多个方面。在这个意义上，增强依法执政本领，作为改善和加强党的领导的一种重要方式，是改革在以政治体制为重点和核心的多领域、全方位推进的题中应有之义。就改革属性而言，改革天然具有“变法”的特质，充满了变动性、拓展性和不确定性，改革可谓必然会带来突破，而法治则要求相对稳定。因此，改革与法治在实践中不可避免会产生“破”与“立”的冲突。但从本质上来说，改革与法治两者是内在一致的，具有相同的目标指向，共同致力于实现中华民族伟大复兴的中国梦。就改革所处的整体环境而言，当前改革进入了“攻坚期”和“深水区”，面临着难啃的“硬骨头”，可以说这既是改革发展的重要战略机遇期，也是社会矛盾的集中凸显期。尤其是近年来在国家和社会治理中，由于用法不当、执法不严，产生了一些损害公民合法权益的事件，甚至引发不小的冲突。这对改革发展稳定造成了很不利的影响。而坚持依法执政，要求我们以法治思维和法治方式处理各种社会矛盾，把法治当作推进改革发展稳定的基准性思维方式。只有坚持依法执政，增强依法执政本领，才能正确处理各种矛盾，为推进改革营造公正有序、安定和谐的环境。

此外还要注意到，新时代我国全面深化改革的一个重要背景，就是具有中国特色社会主义法律体系已经形成，全社会法治意识不断强化、法治素养日益提升。在这种情况下，我们党只有坚持依法执政，不断增强依法执政本领，才能处理好改革与法治的关系，才能确保在法治的轨道上全面推进改革深化。习近平总书记曾深刻指出："凡属重大改革都要于法有据。"这不仅要求我们党在执政过程中的改革决策必须遵循宪法精神和法治原则，还要求我们党在改革推进过程中始终坚持依法办事，切实遵守法定程序，维护公民正当权益，把法治思维和法治方式作为推进改革的基本思想和行为准则，予以严格遵循。这是严格落实依法执政在全面深化改革层面的基本要求。

总之，法治与改革相互促进，改革更要靠法治来保障。全面深化改革必须坚持依法执政，要求我们党不断增强依法执政本领，善于运用法治思维和法治方式，继续为中国人民谋幸福，为中华民族谋复兴。

（三）增强依法执政本领是全面推进依法治国、依法执政、依法行政的明确要求

党的十八届四中全会通过的《中共中央关于全面推进依法治国若干重大问题的决定》（以下简称《决定》），开启了中国法治建设的新时代。《决定》指出，全面推进依法治国是关系我们党执政兴国、关系人民幸福安康、关系党和国家

长治久安的重大战略问题，是完善和发展中国特色社会主义制度、推进国家治理体系和治理能力现代化的重要方面。十九大报告再次强调："全面依法治国是中国特色社会主义的本质要求和重要保障。""坚持依法治国、依法执政、依法行政共同推进，坚持法治国家、法治政府、法治社会一体建设"。①

依法治国是我们党领导人民治理国家的基本方略，能不能做到依法治国，关键就在于党能不能坚持依法执政。依法执政是依法治国的关键这一科学结论，是我们党领导人民长期探索治国之道的历史经验和共产党执政规律的科学总结。对此，习近平总书记曾反复强调："新形势下，我们党要履行好执政兴国的重大职责，必须依据党章从严治党、依据宪法治国理政。党领导人民制定宪法和法律，党领导人民执行宪法和法律，党自身必须在宪法和法律范围内活动，真正做到党领导立法、保证执法、带头守法。"② 因此，新时代全面推进依法治国，必然意味着要严格落实我们党的依法执政方略，不断增

① 习近平：《决胜全面建成小康社会　夺取新时代中国特色社会主义伟大胜利——在中国共产党第十九次全国代表大会上的报告》，人民出版社2017年版，第22页。

② 习近平：《在首都各界纪念现行宪法公布施行三十周年大会上的讲话》（2012年12月4日），《十八大以来重要文献选编》（上），中央文献出版社2014年版，第91页。

强依法执政的本领。这就要求我们党必须实现执政方式的转变，将依法执政作为我们党治国理政的重点和关键来抓，将增强依法执政本领，作为提高我们党执政能力和领导水平的核心途径来落实。

总的来看，增强依法执政本领，不仅要求党要领导立法、保证执法、带头守法，任何组织与个人都不能凌驾于宪法和法律之上；还要求任何权力的运用都要受到宪法和法律的约束，不能允许任何人以权代法、以权压法、以权废法；更要求领导干部要运用法治思维和法治方式深化改革、推动发展，化解矛盾，维护稳定。这是新时代继续推进全面依法治国，建设社会主义法治强国的伟大愿景在我们党依法执政领域的具体行动和关键承载！

（四）增强依法执政本领是全面推进从严治党、不断提高党执政能力和领导水平的本质要义

治国必先治党，治党务必从严。依法执政作为全面依法治国的重要方面，与全面从严治党不仅同属于协调推进“四个全面”战略布局，是“四个全面”战略布局的有机组成部分，而且先后成为党的十八届四中、五中、六中全会的主题，是实现“两个一百年”奋斗目标、实现中华民族伟大复兴中国梦的有力保障。党的十九大报告更是明确指出，要继续推进党的建设伟大工程。

从本质上讲，依法执政不应只是一种执政理念，而更应是一种执政能力。在整体论的视角下，我们党是由中央、地方、基层等各级党的组织和八千多万党员所构成的有机整体，具有组织上的统一性、系统性和运行机制上的层次性、协作性，并不是各级党组织和党员干部的简单相加。而作为执政党整体层次的执政能力，既高于中观层面的各级党组织的执政能力，又高于微观层面的党员个体的执政能力，综合看来，必然是一种质的意义上的不同和提升。这就要求全党必须通过科学的组织建设和严密的组织运作，挖掘自身最大的潜力和优势，发挥自身最大的凝聚力和领导力。

而为了加强党的执政能力建设，从十六大开始，我们党就从五个方面明确提出了基本要求，并将之写入党章，要求各级领导干部学习掌握；党的十八届四中全会提出依法治国，明确要求各级领导干部具备“法治思维”，善于运用法治方式，提高依法执政水平；党的十八届六中全会提出了全面从严治党的战略布局，并加强了党内法规体系的建设力度，实现了党内法规建设的与时俱进；十九大更强调要加快形成覆盖党的领导和党的建设各方面的党内法规制度体系，加强和改善对国家政权机关的领导。

增强依法执政本领，提升依法执政能力，首要和关键是提升依法、依规治党能力。没有依法、依规治党的成功，就不会有依法执政的伟大胜利。倘若让党的执政活动与党的自身建设分离或实行两种不同的运作方式，必然会破坏党的依法执政。党的十八大以来，依法执政与依法、依规治党越来越成为一个有机统一的整体，党内法规与宪法和法律愈加成为一个有机衔接、和谐一致的规范体系。

全面从严治党，不仅是以党内法规完善内部监督、自我监督机制，更是要从内部、从自身筑牢法治意识，树立法治思维；更是要以党内法规的严格遵循来带动国家法律的自觉恪守。正所谓“打铁还需自身硬”，这种“由内而外”、“由己及人”的波动效应，正是增强党依法执政本领、提高党执政能力和领导水平的科学路径，也是我们党永葆自身先进性、永远作为中华民族先锋队阶级定位的本质要义。

二、新时代增强依法执政本领的新要求

党的十九大报告指出，中国特色社会主义进入新时代。这一重要论断同时揭示了新时代我国社会主要矛盾的新变化，即已经转化为人民日益增长的美好生活需要和不平衡不充分的发展之间的矛盾。这一变化是关系全

局的历史性变化，对党和国家工作提出了许多新要求。而增强依法执政本领，不断提升党的执政能力和领导水平，正是新时代“新要求”的重要体现之一。这主要体现在以下几个方面。

（一）牢牢抓住领导干部这个关键少数

党的十八届五中全会指出：“必须坚持依法执政，全面提高党依据宪法法律治国理政、依据党内法规管党治党的能力和水平。”[①] 党的十八届六中全会强调，全面从严治党，要抓住领导干部这个关键少数。党的十九大对此再次予以强调。这个责任则当之无愧地落到了中国共产党及其领导干部的肩上。

中国共产党是我国的执政党，是当然的、法定的执政主体。依据宪法法律治国理政是中国共产党的自觉追求。考虑到我们党具体的执政行为都是通过具体的党员，尤其是领导干部来实施的，因此，要确保党执政的科学性和法治化水平，增强我们党依法执政的本领，提高领导干部依法执政的能力无疑是关键。

作为我们党依法执政方略的具体承载者和实施者，各级领导干部对法治的信念、决心、行动，对于全面推进依法治国，增强党依法执政本领具有十分重要的意义。对此，习近

---

① 《中共中央关于制定国民经济和社会发展第十三个五年规划的建议》（2015 年 10 月 29 日中国共产党第十八届中央委员会第五次全体会议通过）。

平总书记曾深刻指出："事实证明，领导干部对法治建设既可以起到关键推动作用，也可能起到致命破坏作用。如果我们的领导干部不能尊法学法守法用法，不要说全面推进依法治国，不要说实现'两个一百年'奋斗目标、实现中华民族伟大复兴的中国梦，就连我们党的领导、我国社会主义制度都可能受到严重冲击和损害。"①

此外，习近平总书记在不同的场合曾多次强调："高级干部做尊法学法守法用法的模范，是实现全面推进依法治国目标和任务的关键所在。"② 要抓住领导干部这个关键少数，发挥领导干部的"头雁效应"，将依法执政的主体责任真正落到实处。

当下中国特色社会主义进入新时代，面临新形势和新任务，伟大梦想的实现需要全党全社会共同努力，尤其需要我们党的坚强领导。而增强党依法执政的本领，关键就在于领导干部依法执政的态度、决心和行动，关键就在于领导干部依法执政的身体力行。各级领导干部是我们党依法执政、政府依法行政的骨干力量、中坚力量。他们是否具备强有力的依法执政本领，直接决定着我们党依法执政理念的实现，直接影响着各级政府机关依法行政

① 习近平：《在省部级主要领导干部学习贯彻党的十八届四中全会精神全面推进依法治国专题研讨班上的讲话》（2015 年 2 月 2 日）。

② 习近平：《在省部级主要领导干部学习贯彻党的十八届四中全会精神全面推进依法治国专题研讨班上的讲话》（2015 年 2 月 2 日）。

的效果，直接关系到整个社会主义法治国家建设的成败。因此，在新时代增强依法执政本领，必须牢牢抓住领导干部这个关键少数。

（二）切实守住党规“红线”与国法“底线”

党的十九大报告在强调增强依法执政本领时，明确要求加快形成覆盖党的领导和党的建设各方面的党内法规制度体系。党内法规，是推进全面从严治党的“先行者”和“排头兵”，也是我们增强依法执政本领所依之“法”的重要内容。党规与国法，构成我们党依法执政的规范根基。

党的十八大以来，我们党空前重视党内法规的制度体系建设，主要着眼于规范党的执政行为，进行了富有成效的党内法规体系建设，涵盖了党的领导与执政行为规范化、制度化的重要内容与核心举措。可以说，党内法规的建设情况是衡量一个政党制度化、法治化水平高低的重要标志，在相当程度上影响着执政党的生存、发展与目标实现。

对于我们党来说，作为世界上最大发展中国家的执政党，领导着世界上人口数量最多的民族进行艰苦奋斗，推进着伟大事业，承载着伟大梦想。建立一个健全完善的党内法规体系是我们党进行伟大工程的必然要求，不仅意味着我们党要严格落实自我监督、自我规范，更是关系到我们党执政能力、领导水平和治理实效的提高。我们党作为中华民族先锋队的先进特质，要求党内法规严于一般的国家法律，要求党员干部始终严于律己，与人民群众相对而言，应自觉追求“高标准”和“严要求”。党规因此构成全党不得逾越的、比国家法律更为严格的“红线”。严格遵守党内法规，是落实全面从严治党的主体责任，永葆党的先进性，提高依法执政本领的必然要求。

在党规“红线”之外，依法执政还要求切实守住国法“底线”。尊法、学法、崇法、守法，不仅意味着全民义务，更是我们党依法执政的内在要求。我们党作为执政党处于领导地位，这种政治优势和政治地位决定了我们党掌控着最多的政治资源。但是领导地位并不意味着宽泛恣意的绝对权力，党本身也要在宪法法律的范围内活动，党的执政权力的运行必须受到国家宪法法律的约束。对此，十九大报告明确要求：“各级党组织和全体党员要带头尊法学法守法用法，任何组织和个人都不得有超越宪法法律的特权，决不允许以言代法、以权压法、逐利违法、徇私枉法。”①

只有守住了党规“红线”和国法“底线”，才算夯实了

① 习近平：《决胜全面建成小康社会　夺取新时代中国特色社会主义伟大胜利——在中国共产党第十九次全国代表大会上的报告》，人民出版社2017年版，第39页。

我们党依法执政的地基，才能筑牢反腐倡廉、维护风清气正的政治生态的关键“堤坝”和严密“笼子”，才能在新时代继续进行伟大斗争，建设伟大工程，推进伟大事业，实现伟大梦想。

（三）牢固树立法治信念，深入贯彻法治思维

党的十九大报告指出，全面依法治国是国家治理的一场深刻革命。面临中国特色社会主义进入新时代的新形势和新任务，法治已经成为我们党自觉选择的治国理政的基本方式。法治思维是现代治理的首要思维，法治能力是现代治理的核心能力。

习近平总书记多次强调：“各级领导机关和领导干部要提高运用法治思维和法治方式的能力，努力以法治凝聚改革共识、规范发展行为、促进矛盾化解、保障社会和谐。”[①] 领导干部是我们国家进行现代治理的主体，是我们党依法执政的骨干和中坚力量，能否牢固树立和运用法治思维，直接关系全面推进依法治国重大部署的贯彻落实，关系党和国家的长治久安。因此，各级领导干部必须牢固树立法治思维，努力提升依法治国能力、依法执政能力和依法行政能力，提高现代治理水平。

要充分认识到法治思维是一种规则与程序思维，而规

---

① 习近平：《在十八届中央政治局第四次集体学习时的讲话》（2013年2月23日）。

则与程序是实现依法执政的重要保障；法治思维是一种权利与义务思维，权利与义务对等是实现依法执政的基本要求，只有通过法律主体权利与义务的有效行使和全面履行，才能实现法的指引、评价、惩罚和教育功能；法治思维是一种授权与监督思维，而授权与监督是实现依法执政的关键环节。

我国目前正处于全面建成小康社会决定性阶段，改革进入攻坚期和深水区，国际形势复杂多变，我们党面对的改革发展稳定任务之重前所未有，矛盾风险挑战之多前所未有，依法治国在党和国家工作全局中的地位更加突出、作用更加重大，我们比以往任何时候都更加需要运用法治思维和法治方式开展工作、攻坚克难。党的十九大报告指出，发展是解决我国一切问题的基础和关键，发展必须是科学发展，必须坚定不移贯彻创新、协调、绿色、开放、共享的发展理念。

这就要求我们要继续牢牢扭住发展这个牛鼻子，用法治思维谋划发展大计。既要要增强用法治方法谋划发展的本领，也要把用法治促发展落实到行动上。要自觉用习近平新时代中国特色社会主义思想武装头脑，在贯彻落实中央和上级重大发展战略部署上下功夫，做到令行禁止、政令畅通，不搞阳奉阴违，不搞拍脑袋决策，让发展在法治的轨道上推进，以坚定的法治信念谋科学发展的长久大计。

（四）善于运用法治方式，以法治谋善治

法治是迄今为止人类能够认识到的最佳治国理政方式。法治方式是运用法治思维处理和解决问题的行为方式。习近平总书记指出："各级领导干部要提高运用法治思维和法治方式深化改革、推动发展、化解矛盾、维护稳定能力，努力推动形成办事依法、遇事找法、解决问题用法、化解矛盾靠法的良好法治环境，在法治轨道上推动各项工作"。①

善于运用法治方式是新时代转变传统执政思维定势的需要。法治的程序性、稳定性和可预期性，是其他社会治理手段所不具备的优势。在现代社会的发展进程中，法治方式已成为主导国家治理和社会管理的最重要、最基础和最有效的手段。习近平总书记在庆祝全国人民代表大会成立60周年大会上的讲话中指出："我们必须坚持把依法治国作为党领导人民治理国家的基本方略，把法治作为治国理政的基本方式，不断把法治中国建设推向前进。"②

---

① 习近平：《在首都各界纪念现行宪法公布施行三十周年大会上的讲话》（2012年12月4日），《十八大以来重要文献选编》（上），中央文献出版社2014年版，第92页。

② 习近平：《在庆祝全国人民代表大会成立60周年大会上的讲话》，2014年9月5日。

当前，中国特色社会主义进入新时代。我国正处于中国特色社会主义制度完善发展、推进国家治理体系和治理能力现代化的关键时期，我们比以往任何时候都更需要法治思维和法治方式。而一些党员干部特别是领导干部法治观念淡薄，法治信仰缺失，法治敬畏不足，在工作中还习惯于过去的思考方法和思维定势，这对于深化依法执政、推进全面依法治国而言，是一个不容忽视的严重问题。我们党要实现长期执政，实现国家治理现代化，就需要各级领导干部树立法治意识，依靠法治解决各种社会矛盾和问题，确保国家在深刻变革中既生机勃勃又井然有序。

善于运用法治方式是践行法治、依法执政和依法办事的需要。全面推进依法治国，必须落实到党员干部依法办事解决具体问题上。在实践中，常常有一些领导干部法治观念淡薄，脑子里没有法治这根弦。有的认为依法办事束缚手脚，只要办成事，什么手段都能用；有的把法律当作摆设，不履行法定职责；有的目无法纪，滥用权力，甚至以权代法、以情枉法、以权压法。这些问题的存在充分说明，不少领导干部运用法治思维和法治方式管理经济社会事务水平不高，亟须提高法治素养和依法办事能力。而只有善于运用法治方式，才能实现现代化的国家治理，才能谋得民心所向的“善治”。

三、新时代增强依法执政本领的努力方向

办好中国的事情，关键在党。党的十九大报告指出，进行伟大斗争、推进伟大事业、实现伟大梦想，必须毫不动摇坚持和完善党的领导，毫不动摇把党建设得更加坚强有力。中国特色社会主义进入新时代，在新的历史方位上形成的新思想、新判断、新方略、新部署，给执政党的能力建设提出了新课题。而新形势下增强我们党依法执政本领，就需要按照新时代新形势下的新要求，有针对性地进行专门部署。

（一）以领导干部法治能力的培养和提高为重点

新时代增强依法执政本领是一项宏伟的系统工程，需要具备诸多条件，但领导干部法治能力的培养毫无疑问是其中最需要具备的重要条件。努力提高领导干部这个关键少数运用法治思维和法治方式解决问题的能力，已经成为加强领导干部执政能力和水平建设的基本内容，成为衡量领导干部执政能力和水平的重要标准。领导干部运用法治思维和法治方式的能力，直接影响着党的执政根基和国家的现代化治理水平。

首先，要不断强化法治认识。法治是现代治理制度的核心，是国家治理体系和治理能力现代化的重要标志。领导干

部不仅要深化对法治重要性的认识，而且要深化对法治本质的认识，增强运用法治思维和法治方式的自觉性。法治既是工具，更是价值，是工具和价值的结合、手段和目标的统一。只有把法治作为价值来追求，才能提高运用法治思维和法治方式的层次和水平。

其次，要牢固树立法治信仰。法治信仰是基于对法治油然而生的神圣情感，是对法治发自内心的认同和尊崇。培养法治信仰，首先在内心要敬畏法治，这样才能由衷地认同和尊崇。要树立法治至上的理念，明白法律是神圣不可亵渎、必须严格遵照执行的。对领导干部来讲，敬畏法治，最根本的是要敬畏法治对权力的约束，敬畏公民的合法权益，自觉把手中的权力用来为人民谋利益。

再次，要自觉提高法治素养。一要明晰法律授予什么权力、边界在哪里、行使的程序是什么、不依法行使应承担什么责任等，提高依照法定权限、程序行使权力的素养。二要加强法律逻辑训练。通过法律逻辑推理，想问题、做决策、办事情，就是要依法办事。有法律规定的，遵循法律规定。没有法律规定的，遵循法治原则。越是问题复杂，越是情况紧急，越要用法治思维去思考、处理。只有这样，办事情、处理问题才会更稳妥，更经得起历史的检验。

复次，要主动加强实践养成。一方面，党员领导干部应通过大量的工作和社会实践锻炼自己的法治能力，将法治思维和法治方式更多地运用到促进经济社会发展中，运用到社会矛盾化解中去，养成办事依法、遇事找法、解决问题用法、化解矛盾靠法的思维习惯，从而在实践中养成和提高运用法治思维和法治方式的能力。另一方面，党员领导干部要加强法治方面的学习培训，增强法律意识，树立社会主义法治理念。通过学习和教育培训，切实提高自身法律素质，强化自身的责任意识和规则意识，进一步明确法治的核心是对公权力的约束与规范，以及对公民权利的保护，从而树立正确的法治观。

最后，要严格坚守法治底线。领导干部在全面推进依法治国历史进程中肩负着重要责任。坚守法治的定力、坚定法治的意志，是各级领导干部必备的品质。正如习近平总书记指出的那样："各级领导干部要带头依法办事，带头遵守法律，对宪法和法律保持敬畏之心，牢固确立法律红线不能触碰、法律底线不能逾越的观念，不要去行使依法不该由自己行使的权力，也不要去干预依法自己不能干预的事情，更不能以言代法、以权压法、徇私枉法，做到法律面前不为私心所扰、不为人情所困、不为关系所累、不为利益所惑。不懂得这个规矩，就不是合格的干部。”①

（二）加快形成全覆盖的党内法规制度体系

党的十九大报告将加快形成全覆盖的党内法规制度体系作为增强依法执政本领的重要举措予以明确强调。根据十九大报告对新时代党的建设总要求，在党的领导和党的建设各方面，都需要加快形成“全覆盖”的党内法规制度体系。

目前看来，现有的党内法规体系还存在不少的问题。一是党内法规制度建设研究力度不够。党内法规研究还存在不少空白的地方，无论是法学界还是政治、党建学界，对这方面的关注还有所欠缺。

二是缺乏党内法规体系的顶层设计。总体来看，目前的党内法规体系建设，还没有真正意义上可以称之为“顶层设计”的方略安排，由于总体框架不明，导致已有的工作重点不够突出、成效不够显著。可以说，与党内根本法规如党章等法规相配套的基本法规制度还不够健全，有些重要领域还存在制度空白，而有些领域又出现规定模糊、重复甚至互相“顶牛”的现象。

三是党内法规制度精细化程度不足。有的党内法规制度

---

① 习近平：《全面推进科学立法、严格执法、公正司法、全民守法》（2013 年 2 月 23 日），《人民代表大会制度重要文献选编》（四），中国民主法制出版社、中央文献出版社 2015 年版，第 1583—1584 页。

过于原则和宽泛，缺乏具体的细节设置，实践中可操作性不强。一些中看不中用的“花瓶制度”、仍然存在一定疏漏的“漏洞制度”、已在社会发展面前暴露出缺陷的“过时制度”仍不同程度、不同范围地存在。

四是党内法规制度执行力度仍有待加强。有的领导干部“权大于法”的观念仍然存在，有规不依、执规不严、违规不究的情况仍在发生；有的对党内法规进行选择适用——对自己有利的就执行，对自己不利的就不执行；有的在适用对象上存在偏差——即对下级要求严格，对自己却十分放松，等等。

为此，要着重从以下几个方面开展工作，与时俱进地推进党内法规制度体系的继续完善。

第一，要继续加强党内法规理论研究，增加党内法规制度建设的科学性和前瞻性。立足于理论与实践的结合，深入全面地开展党内法规研究，不留下理论空白，以充满前瞻性和理论性的研究成果，来指导党内法规制度的建设，增强党内立法的科学性、民主性、实用性。

第二，要更加注重党内法规同国家法律的有机衔接。对党内法规和国家法律进行全面的“摸底”，争取做到法律已经规定的，党规不再重复；对同现实发展不相适应的党规，应及时解释、修改和废止；经实践检验应转化为法律的党规，及时通过法定程序将其转化为国家法律。

第三，要重视对党内法规的解释工作。解释是全面认知和正确认知的基本前提和重要方式，加强对党内法规的解释工作，有利于领导干部对党内法规的深入学习和自觉遵守，有利于党内法规的正确适用和有效实施。因此，要充分厘清党内法规在实施和适用过程中所可能存在的误读和混淆的地方，让广大党员干部真正知晓明白，增强对党内法规的认知、认同，从而真正做到内化于心、外化于行。

第四，要积极探索建立保障党内法规制度执行的严密机制，提高制度执行力。“徒法不足以自行”，良好的制度需要配套机制作保障。在具体的实践中，要加大党内法规的宣传和学习力度，比如可以试行领导干部任前党内法规知识培训和测试，培育制度文化等；同时也要注重“事后”完善机制。比如可以组织立法后评估、调研，采用网络调查、问卷调查、实地调研、召开座谈会或者论证会、专家咨询等方式，深入查找分析制度建设的问题及原因，建立党内法规制度动态评估、反馈、清理、修订机制。

最后，要加大制度执行情况的监督检查，严肃查处违反规定的典型案件并及时通报，真正做到无禁区、全覆盖、零容忍。同时，建立健全问责机制，把党内法规制度执行情况纳入问责和领导干部述职述廉内容，促进领导干部带头执行制度，维护党内法规的权威。

（三）不断完善党规与法律的衔接协调机制

增强依法执政本领，所依之“法”，是党内法规和国家法律并重，是全面依法治国和全面从严治党并举。因此，必然需要实现党内法规和国家法律的自洽衔接，由此形成一个和谐一致的中国特色社会主义法律体系，并在此基础上真正提高党的依法执政本领，切实做到依法执政。

从目前的情况来看，党内法规与国家法律的衔接还存在一些问题，这主要表现在两个方面。一是从立法机制来看，党的十八届四中全会要求“在党的统一领导下开展立法工作”，但在实践中党内法规工作部门与国家立法部门之间的沟通协调工作机制和制度还不够健全。二是从党内法规与国家法律的内容来看，有的出现断层和空档，有的重复繁琐，有的不够统一。

坚持党纪严于国法，推进党纪与国法的有效衔接，重点要大力推进四个方面的工作：

一是要加强制度建设。党内制度的制定、修改和完善等要坚持与时俱进，确保内容科学、程序民主、实践操作性强。要建立以党章为核心，以中央制定的党的基本法规为支柱，以省级以上党委制定的党内规章为重要内容的党内法规制度体系。同时健全党内法规备案审查制度，提高党内法规立法技术水平。

二是要实现党纪党规与国家法律法规相互衔接协调。法律法规有规定的党内法规不再规定；党内法规要求比法律法规规定更严、要求更高；建立党内法规制定部门与立法部门对接协调机制，形成党内法规与法律法规既相互分工、相对独立，又彼此协调、相互配套。

三是要加大执纪监督力度。一方面，党委要切实履行好主体责任，纪委要履行好执纪监督责任，社会各界更要主动发挥好监督作用。另一方面，建立经常性干部学习教育制度，定期开展集中学习教育，实行常态化的干部执纪情况和作风建设的不定期抽查和明察暗访制度。

四是要实现执纪与执法的有效衔接。坚持在适用法律上党员领导干部、普通党员和公民一律平等。建立健全党的监督执纪机关与法律适用机关的协作对接机制，建立纪检监察机关与执法和司法机关之间的信息沟通交流、合作办案和案件依规依法移送制度。

（四）坚持以法治思维和法治方式增强执政本领

首先，要用法治思维和法治方式保障人民权利。党的十九大报告强调，要坚持党的领导、人民当家作主和依法治国的有机统一。习近平总书记指出：“中国共产党领导人民实行人民民主，就是保证和支持人民当家作主。保证和支持人民当家作主不是一句口号、不是一句空话，必须落实到国家政治生活和社会生活之中，保证人民依法有效行使管理国家事务、管理经济和文化事业、管理社会事务的权力。”① 用法治思维保障人民当家作主民主权利的最好方式就是在党的领导下，在宪法和法律框架内，不断推进和完善人民代表大会制度建设，不断推进和完善党领导的多党合作和政治协商制度。

其次，要主动运用法治思维和法治方式破解改革难题。坚持全面深化改革构成新时代坚持和发展中国特色社会主义的基本方略之一。在经济领域，要继续深化供给侧结构性改革将成为推动经济发展质量变革、效率变革、动力变革的主线；在政治领域，要加快转变政府职能，深化简政放权，建设服务型政府；在社会管理领域，社会矛盾和问题交织叠加，全面依法治国任务依然繁重；在生态保护领域，最严格的环境保护法律制度仍未得到全面落实。这些都需要我们用法治的利剑破除阻碍社会发展的藩篱，用法治的方法破解改革的难题，越是改革的硬骨头，越要用法治的方法和手段去攻坚克难。

最后，要用法治思维维护社会稳定发展大局。社会稳定、国泰民安既是广大人民群众的热切期盼，也是我们党治

① 习近平：《在庆祝中国人民政治协商会议成立六十五周年大会上的讲话》（2014 年 9 月 21 日），《十八大以来重要文献选编》（中），中央文献出版社 2016 年版，第 72 页。

国理政的重要目标。当前，我国社会大局保持稳定，国家安全全面加强。但意识形态领域斗争依然复杂，影响社会稳定的因素仍然大量存在。防范化解重大风险与精准脱贫、环境污染防治一样是我们必须坚决打好的攻坚战。这就要求我们不但要政治过硬，也要本领高强，特别是要增强驾驭风险、依法执政的本领。要坚持法治思维、底线思维，把功夫下在加强社会治理制度建设上。要不断完善党委领导、政府负责、社会协同、公众参与、法治保障的社会治理体制，提高社会治理社会化、法治化、智能化、专业化水平，打造共建共治共享的社会治理新格局。

总之，我们要坚持以法治思维和法治方式来提高党的执政能力和领导水平，切实增强依法执政本领。唯其如此，在新时代适应新形势，打开新局面。习近平总书记多次强调：不忘初心，方得始终。党的十九大也隆重宣告：不忘初心、牢记使命。伟大的事业必须有坚强的党来领导，只要我们把党自身建设好、建设强，确保党始终同人民想在一起、干在一起，就一定能够引领承载着中国人民伟大梦想的航船破浪前进，胜利驶向光辉的彼岸！

第六章　牢固树立群众观点
增强群众工作本领

做好群众工作就像是大合唱，领导干部不仅要当好指挥、当好领唱，还要当好伴奏、当好场务，这样才能把合唱唱准、唱齐、唱响亮。这就要求领导干部既要当好引路人，又要当好服务员，把广大人民群众的智慧和干劲调动起来，为人民群众施展才华、实现梦想搭好平台，真正把广大人民群众的积极性和创造性汇聚在党的周围，汇聚在贯彻落实党的理论方针政策上，汇聚在解决各类难题应对各种考验的统一意志上。只有调动人民群众的积极性和创造性，才能抓住推进工作的金钥匙。

一、深刻认识增强群众工作本领的重要意义

党的十九大吹响了决胜全面建成小康社会、夺取新时代中国特色社会主义伟大胜利的嘹亮号角，擘画了建设社会主义现代化强国、实现中华民族伟大复兴的中国梦的光明前景。实现这样的宏伟目标和壮丽图景，绝不是仅仅依

靠8900多万党员就可以完成的，也决不是仅仅依靠700多万公务员就可以完成，更不是仅仅依靠人数更少的各级领导干部就可以完成。而必须调动起广大人民群众支持、参与、投身改革和现代化建设的热情，让蕴藏在人民群众当中的智慧竞相迸发、热情更加奋发、伟力真正激发，才能实现美好的蓝图和愿景。

（一）增强群众工作本领是凝心聚力实现中国梦、实现马克思主义政党历史使命的根本要求

党的十九大报告从一百年来中华民族经历的艰辛奋斗史、探索史、革命史、建设史和改革史出发，再一次论证了实现中华民族伟大复兴是近代以来中华民族最伟大的梦想，得出了中国共产党的历史使命就是要为中国人民谋幸福、为中华民族谋复兴。使命呼唤担当，使命引领未来。新时代新使命要求我们必须以党的坚强领导和顽强奋斗，激励全体中华儿女不断奋进，凝聚起同心共筑中国梦的磅礴力量。

深厚的人民情怀，是中国共产党始终如一的力量源泉，也是我们党的优良传统。毛泽东早在1934年就曾经指出："真正的铜墙铁壁是什么？是群众，是千百万真心实意地拥护革命的群众。这是真正的铜墙铁壁，什么力量也打不破的，完全打不破的。"毛泽东还把共产党人比作"种子"，把人民比作"土地"，说只要把"种子"播在

“土地”上，就能在人民中生根、开花、结果。刘少奇在《关于群众问题的报告》中写道：“无论哪一个党员，不论在什么时候、在什么地方、做什么工作，都应当十分注意做群众工作。如果忘了这一条，他虽还在党籍，而实质已不是一个共产党员了。”邓小平不仅把自己视作中国人民的儿子，也始终站在人民立场思考中国特色社会主义的前途命运。比如他多次强调，“贫穷不是社会主义”，“不发展生产力，不提高人民生活水平，不能说是符合社会主义要求的”①。他把是否有利于提高人民的生活水平作为衡量一切工作是非得失的判断标准之一。他领导改革开放和社会主义现代化建设，心中想着的就是最广大的人民。翻开老一辈无产阶级革命家的著作，品读他们当年为党和人民而奋斗的故事，处处都展现着深厚的人民情怀和扎实的群众工作作风。这些心系群众、依靠群众的崇高精神和优良作风值得今天每一位领导干部学习。

中国共产党从革命战争的炮火硝烟中走来，从改革开放的激流险滩中走来，靠的就是心系群众、扎根群众、团结群众、赢得群众。在那枪林弹雨和炮火硝烟当中，革命军队英勇斗争，人民群众倾力支前，联结起这两股巨大力量的奥秘在哪里？那就是：党积极主动和卓有成效地开展群众工作。

① 《邓小平文选》第三卷，人民出版社 1993 年版，第 370 页。

在漫长的革命斗争岁月里，共产党人始终植根人民群众，向人民群众传播革命理想信念，与人民群众共命运、同战斗，极大地激发了人民群众为民族独立、人民解放而不惧牺牲、一往无前的革命精神。中国共产党奋斗的辉煌历史告诉我们：必须始终保持党与人民水乳交融、生死与共的坚定立场和精神特质，始终牢记为了谁、依靠谁、我是谁，不忘根本、敬畏人民，继续用共产党人的崇高信仰践行为人民服务的铮铮誓言。

（二）增强群众工作本领是贯彻党的群众路线、实践习近平新时代中国特色社会主义思想的内在要求

党的十九大报告指出，全党要深刻领会新时代中国特色社会主义思想的精神实质和丰富内涵，必须坚持以人民为中心。人民是历史的创造者，是决定党和国家前途命运的根本力量。必须坚持人民主体地位，坚持立党为公、执政为民，践行全心全意为人民服务的根本宗旨，把党的群众路线贯彻到治国理政全部活动之中，把人民对美好生活的向往作为奋斗目标，依靠人民创造历史伟业。这样，就从新时代中国特色社会主义的基本方略的高度强调了群众工作的重要意义。重视群众工作始终是贯穿习近平新时代中国特色社会主义思想最鲜明的特征。

习近平总书记多次强调坚守人民立场、重视群众工作。党的十八大以来，习近平总书记的一系列重要讲话都凸显了鲜明的人民立场。浓浓真情血浓于水，赤子之心溢于言表，习近平总书记的重要讲话处处闪耀着马克思主义唯物史观的真理光芒和中华优秀传统文化的家国情怀。在十八届中央政治局常委第一次记者会上，习近平总书记指出：人民对美好生活的向往，就是我们的奋斗目标。在十二届全国人大一次会议上，习近平总书记讲道：中国梦归根到底是人民的梦，必须紧紧依靠人民来实现。在党的十八届三中全会第二次全体会议上，习近平总书记再次指出：推进任何一项重大改革，都要站在人民立场上把握和处理好涉及改革的重大问题。在党的十八届五中全会第二次全体会议上，习近平总书记指出：让广大人民群众共享改革发展成果，是社会主义的本质要求，是党的根本宗旨的重要体现。在习近平总书记的重要讲话中，这样的论述俯拾皆是。这些重要论述，不仅回答了“为了谁、依靠谁、我是谁”的深刻命题，更彰显了习近平总书记一以贯之的人民观及贯穿新时代中国特色社会主义思想最鲜明的人民立场。

习近平总书记身体力行坚持群众路线、依靠群众谋划工作。党的十八届五中全会提出以人民为中心的发展思想，深化了党对中国特色社会主义本质的认识，从思想理念的层面解决了发展为了谁、由谁来享有这个根本问题，把对中国特色社会主义的认识提升到价值层面，是贯穿习近平新时代中国特色社会主义思想的一个灵魂。共享发展是以人民为中心发展思想的直接体现。面对第一个百年奋斗目标，全国打响了脱贫攻坚战，决心之大、气魄之足、措施之实前所未有。近年来，每年减少贫困人口一千万，民生保障网越织越牢，人民群众最关心、最直接、最现实的问题相继得到解决，人民群众的获得感和幸福感显著增强。党的十八大以来，习近平总书记还坚持治国与治党并举，通过一系列学习教育活动，彰显了中国共产党的宗旨和信仰、本色与立场。关于生态环境保护工作、社会主义文艺工作、国家安全工作等一系列重要论述和重大部署，都紧紧立足人民立场，坚持为了人民、依靠人民、人民共享的工作思路。习近平新时代中国特色社会主义思想之所以得民心、顺民意、遂民愿，就在于始终坚持相信群众、依靠群众、为了群众的根本工作方法，始终坚持让人民群众共享改革发展成果这个出发点和落脚点。

习近平总书记是在与人民群众水乳交融、共同奋斗中成长起来的党的领袖。习近平新时代中国特色社会主义思想贯穿的鲜明的人民立场是由党的历史、性质、宗旨和承担的使命决定的，同时也与习近平总书记个人的成长历程密切相关。正如列宁所说，历史必然性的思想也丝毫不损害个人在历史上的作用：全部历史正是由那些无疑是活动家的个人的行动构成的。[①]朴素而美好的情感往往是坚定的理想信念不可或缺的给养。七年的知青岁月形成了习近平同志对“人

---

① 《列宁选集》第1卷，人民出版社1995年版，第26页。

民”的最初认识，也奠定了习近平总书记一生坚定的唯物史观和深厚的群众感情。正如后来他对《中国青年》杂志记者所说：我虽然告别了陕北的父老兄弟，但再也离不开人民。[①]从梁家河开始，习近平同志工作的足迹跨越东西南北、中央地方。近半个世纪里，那朴素的情感越发深厚、笃信坚定。党的十八大以来，习近平总书记以人民利益为重，以人民期盼为念，心系群众谋划改革、深入群众调研改革、依靠群众推动改革。这些既充分体现又共同决定了习近平新时代中国特色社会主义思想当中贯穿的鲜明的人民立场。

（三）增强群众工作本领是加强党的自身建设、适应新时代新形势新任务新考验的客观要求

党的十九大报告强调，一个政党、一个政权，其前途命运取决于人心向背。新时代面对新形势，新征程充满新考验。面对世情、国情、党情、社情的深刻变化，面对依然复杂的执政环境和尚未得到根本解决的党内存在的思想不纯、组织不纯、作风不纯等突出问题，面对长期执政、改革开放、市场经济、外部环境的严峻考验，始终保持同人民群众的血肉联系，最大限度地防止脱离群众、丧失民心的危险，变得比过去任何时候都要更为紧迫。

人民群众的衷心拥护是党永不枯竭的生命之源。密切联

---

① 《习近平总书记的成长之路》，《学习时报》2017 年 7 月 28 日。

系群众，始终保持党同人民群众的血肉联系，是党的性质和宗旨的必然要求。党的历史使命，就是为全中国人民谋幸福、为中华民族谋复兴。党的根本宗旨是全心全意为人民服务，忠实代表最广大人民的根本利益。如果脱离了人民群众这个根本，我们党就失去了赖以存在的根基，就要走向衰亡。试想，如果我们不能相信群众、不去放手发动群众，那么我们的革命就会像辛亥革命一样软弱和失败；如果我们不能团结群众、为群众谋利益，那么我们的根据地就会早早被国民党反动派“围剿”消灭；如果我们不能坚持民主、修正错误，那么我们的政权就会在错误路线下被自己葬送！历史雄辩地证明，在党和国家面临生死存亡的重大历史关头，只有坚定相信群众、紧紧依靠群众，始终为人民利益而奋斗，才能具备最清醒的认知，才能获得最坚实的支撑，才能走上最正确的道路。

人民群众的不懈奋斗是党永远壮大的力量之源。一路走来，党经历了革命、建设和改革的峥嵘岁月，党所取得每一次成功都离不开人民群众，相反，党在不同时期走过的弯路都与脱离群众有着不同程度的关系。正反两个方面的经验教训告诉我们，人民群众始终是我们党赖以生存的生命之源和立足根本。在任何时候任何情况下，与人民群众同呼吸共命运的立场不能变，全心全意为人民服务的宗旨不能忘，坚信群众是真正英雄的历史唯物主义观点不能丢。只有得到人民群众的衷心拥护和支持，才能充分调动最广大人民群众参与改革、支持改革、推动改革的积极性、主动性和创造性，我们党才能获得最深厚的群众基础，才能凝聚起亿万人民团结奋进的强大力量。

人民群众的实践探索是党开拓奋进的智慧之源。密切联系群众，始终保持党同人民群众的血肉联系，是党的光荣传统，也是党重要的工作方法和实践经验。从群众中来，到群众中去，一切为了群众，一切依靠群众，既是马克思主义的基本观点和基本路线，也是我们党的基本观点和基本工作方法。群众路线，是引导和保障中国革命走向胜利的路线，也是引导和保障中国改革开放和现代化建设不断走向成功的路线。决胜全面建成小康社会、实现中华民族伟大复兴，夺取中国特色社会主义伟大胜利，党要经受住长期执政的考验，改革开放和发展社会主义市场经济的考验，都必须始终不渝地贯彻党的群众路线，团结和带领人民群众去拼搏奋斗，善于从人民群众的实践探索中汲取改革智慧和新的经验，使党的理论和实践常青常新、生机勃勃。

二、新时代增强群众工作本领的新要求

群众工作就是要最大限度地调动人民群众认同、支持、

参与和投身改革和社会主义现代化建设的积极性主动性创造性，密切党群干群关系，调动人民群众参与，凝心聚力、形成合力，为人民利益而奋斗，为实现新时代新目标而奋斗，为实现中华民族的共同利益而奋斗。

（一）群众工作的基本原理再认识

之所以要再认识，是因为在推进工作的过程中依然存在着对群众工作基本原理认识不足的问题。只有充分认识、理解群众工作的基本原理，深刻掌握、遵循群众工作的基本规律，才能把工作真正做到群众心坎儿上，才能真正做到中央满意、群众点赞。

对人民群众应该与民以惠、与民以信、与民以责。与民以惠，就是要让人民群众共享改革发展成果，看到跟着党的方针政策走能够实现自己对美好生活的需要。这里的惠，是公正合理的普惠，而不是又添矛盾的小惠；是雪中送炭的真惠，而不是表面文章的假惠。党的十九大报告指出，保障和改善民生要抓住人民最关心最直接最现实的利益问题，不断满足人民日益增长的美好生活需要，不断促进社会公平正义，形成有效的社会治理、良好的社会秩序，使人民获得感、幸福感、安全感更加充实、更有保障、更可持续。这就是新时代人民群众需要的“惠”。

与民以信，就是要增强公信力建设，加强对人民群众的信赖和利益的保护，取信于民，坚决杜绝空头支票、欺上瞒下。支持源于信任，信任来自点滴。有的干部总抱怨人民群众不理解、不支持、不满足，但反躬自省，自己的作为是否真的能够赢得人民群众的衷心拥护和真心信任。群众利益诉求是多方面的，但多方面的利益诉求是统一在群众这一个主体身上的。有的干部觉得这次政策制定得很好，给了群众很多实实在在的好处，但群众就是不知满足。但实际上，可能是人民群众在我们之前的某项工作中寒了心、伤了心，这次政策再好也不配合了。“狼来了”是每一个孩子都熟知的故事，但“狼来了”的道理却值得我们永远反复品味。十九大报告指出，为什么人的问题，是检验一个政党、一个政权性质的试金石。带领人民创造美好生活，是我们党始终不渝的奋斗目标。必须始终把人民利益摆在至高无上的地位，让改革发展成果更多更公平惠及全体人民，朝着实现全体人民共同富裕不断迈进。

与民以责，就是要忠实履行自己的本职，实事求是、求真务实，用责任赢得信任。深刻认识这一点，必须明确与民以责是与民以惠和与民以信的前提基础和实现途径。没有与民以责，就没有真正的与民以惠和与民以信；只有与民以惠和与民以信，而没有与民以责，那就是花拳绣腿、华而不实。比如，有的干部疏于做好本职工作，热衷于看得见的工作，不摆架子，却摆样子；不补里子，只绣面子。访贫问苦时能做满脸同情，花天酒地时也可奢靡享乐；句句高尚情怀感天动地，心心功名计较污秽不堪。这就是说，一定要立足本职，做好了本职，惠自可利民，信亦能遍民。正如习近平总书记在十九大报告中讲到的，要把对党忠诚、为党分忧、为党尽职、为民造福作为根本政治担当，永葆共产党人政治本色。这就是人民群众需要的“责”。

（二）明确新时代群众工作的新内涵

党的十九大报告指出，增强群众工作本领，创新群众工作体制机制和方式方法，推动工会、共青团、妇联等群团组织增强政治性、先进性、群众性、发挥联系群众的桥梁纽带作用，组织动员广大群众坚定不移跟党走。

一是要明确群众工作的目标和性质。群众工作是党的群众工作，而不是具体哪个人的群众工作。做好群众工作的目的，是有效实现党的领导作用和党在新时代的奋斗目标。群众工作的实质就是要实现党对人民群众的政治领导和思想引导、利益实现和需要满足、力量凝聚和智慧凝聚、热情激发与衷心拥护等作用。这些方面又是内在统一的。政治领导和思想引导是灵魂。中国共产党作为执政党是中华民族的先锋队，是社会群体当中的先进部分，需要在政治上领导和思想上引导人民群众为实现全社会的共同利益而奋斗。利益实现和需要满足是基础。在革命战争年代，人民群众之所以愿意跟着共产党走，就在于共产党能够满足和实现人民群众的利益，在于共产党是为了人民群众利益而奋斗的党。脱离了对人民群众利益实现和需要满足的重视，抽象谈群众工作，那就是形而上学的态度，是不可能把工作做到群众心里的。力量凝聚和智慧凝聚是核心。同样可以借用毛主席谈政治的一个表述，群众工作就是要把自己的人搞得多多的，就是要让更多的人支持自己，把更多人的智慧和力量凝聚到党的路线方针政策上来。群众工作有没有做好，一个重要的检验标准就是人民群众愿不愿意跟着你。只有自己相信群众，群众才能相信自己；只有自己依靠群众，群众才能依靠自己；只有自己为了群众利益而奋斗，群众才会为了我们的目标而奋斗。热情激发与衷心拥护是保障。在政治和思想上统一了，在利益和需要上满足了，在力量和智慧上凝聚了，那么接下来就是要提高人民群众的积极和热情，使广大人民群众能够始终铁心向党，衷心拥护、热心奋斗。

二是要明确群众工作的主体和对象。群众工作也是做人的工作，是组织、宣传、教育、动员群众为决胜小康、逐梦复兴而奋斗。新时代，群众工作的对象和内容都发生了很大的变化，群众利益诉求也越发多样化、复杂化。面对不同阶层和群体不同的文化教育程度、社会经历、经济收入、家庭情况、思想观念和政治觉悟等，我们必须因材施策、有的放矢，而不能一概而论、大而化之、马马虎虎、不求效果，更不能不问苍生问鬼神，损公肥私、欺压群众。日益多元多样多变的利益格局对新时代做好群众工作产生重大影响。众口难调、众心难平，是今后一个时期群众工作面临的一大问题，所以必须把握社会公正这个基本的原则和价值，善于整合、加以引导，达到协调利益、化解矛盾，凝心聚力、增强团结，不断消弭社会裂痕，化解社会矛盾，整合激发更加强大的社会力量。

三是要明确群众工作的纽带和手段。工会、共青团、妇联等群团组织是党联系群众的重要纽带，也是党的群众工作的主要载体。建设好工会、共青团、妇联等群团组织并发挥好群团组织作用，对于做好党的群众工作很有意义。群团组织建设一定要把握群团组织既是党的群团组织，又是联系的那部分群众的群团组织。这两个定位不能相互否定。坚持是党的群团组织，就是要强调政治性、先进性，引导更多人听党话、跟党走。坚持是联系的那部分群众的群团组织，就是要强调代表性、群众性，把群团组织建设成群众温暖的家，而不是官僚贵族，才能有所呼应、有所感召。此外，党的群众工作的手段和内容是具体的，包括思想、政治、经济、文化等方面的任务，必须针对不同的对象，在不同时期用不同的方法解决不同类别和不同性质的问题，这样才符合思想政治工作规律和社会生活的变化规律。

（三）激发新时代群众工作的新力量

增强群众工作本领，必须继承党在长期历史实践中形成的光荣传统和优良作风，坚持和把握新时代群众工作的新要求。面对纷繁复杂的社会矛盾和各式各样的利益诉求，能够密切党群血肉联系，巩固党的执政基础，维护社会安定团结，使党的理论和路线方针政策化为亿万人民群众的自觉实践，凝聚人民群众力量实现党的奋斗目标和历史使命。

一是引领力。做好群众工作，能够用党的科学理论武装群众，用党的理想信念凝聚群众，提高群众的思想政治觉悟，让广大群众明辨是非，克服各种错误思想的干扰，坚定中国特色社会主义共同理想，始终拥护党的领导。引领不是命令。就是要从群众觉悟的实际状况出发，讲究策略，让群众理解和接受党的要求和任务，而不能搞强制或压服的命令主义、强迫主义。要提高人民群众对党的方针政策的认同感，让党的方针政策转化为人民群众的自觉行动。

二是组织力。能够激发群众的积极性主动性创造性，有效地把群众组织起来，整合和凝聚群众力量，发挥不同群体的优势，引导和发动群众投身改革开放和建设社会主义现代化强国的伟大事业中去。这就要求广大党员干部走出机关、走出大院，深入到群众中去。能够为群众办实事、解难事、做好事，想群众之所想，急群众之所急，帮助群众克服生产生活上的各种困难，实现脱贫致富，成为人民群众的贴心人。唯有这样，才能凝心聚力、攻坚克难，汇聚起实现“两个一百年”的奋斗目标的强大力量。

三是协调力。能够有效解决干群关系中出现的各种问题，化解群众的不满情绪。同时，能够有效解决人民内部的各种矛盾，及时全面准确地把握群众的政治态度、思想动向、生活状况以及对改进党和政府工作的建议、对改善工作条件和生活待遇的需求，把工作做到前面，增强党与人民群众以及人民群众之间的团结。

四是执行力。做好群众工作不是说出来的、唱出来的，而是在实践中做出来的。有的干部虽然有为群众办实事的良好愿望，但能力不强也很难取得应有效果。中央提出我们党面临的“四大危险”，其中就有党员干部能力不足的危险，具体到群众工作，就是做群众工作的能力不够强。因此，要在深入群众、解决问题的过程中，不断提高动员群众、教育群众、组织群众的能力，增强与群众打交道、解决复杂问题、应对各种突发事件的水平。要立足本职岗位，深入研究新形势下群众工作的新情况新特点，掌握“一把钥匙开一把锁”的工作方法，因人而异开展工作，努力把关系百姓利益的事情做实做细、做深做好，不断提高做好群众工作的本领。

引领力、组织力、协调力、执行力四者是统一的，没有引领力，很难组织起来；即便组织起来也会失去正确的方向。没有组织力，引领力就无从实现。如果没有足够的协调力，那么组织力就不会长久，最终也影响引领力的发挥。而所有的引领、组织与协调都离不开良好的执行和实践能力。这是所有美好蓝图变为现实的基础和保障。

三、增强群众工作本领的努力方向

增强群众工作本领，最根本的还是群众感情、群众观点的问题。每一位走上领导岗位的干部都具备较强的理论水平和实践能力。能不能扎扎实实为群众服务，关键还是认识上的问题。增强群众工作本领，必须端正对人民群众的认识，必须同特权思想、官僚主义做斗争，必须深入基层贴近群众不忘初心。

（一）增强群众工作本领首要的是树立正确的群众观点

敞开大门欢迎群众，要让人民群众进得来、见得着、有意见可以表达出来。各级机关都有自己的大门，这些门是“通道”还是“挡道”，关乎政府服务水平，关乎党在人民心中的形象，关乎民心向背事业兴亡。机关大门和领导干部的“心门”都要时刻向人民群众敞开，坚决杜绝“大宅门”“推拉门”“旋转门”现象。

杜绝“大宅门”，就是要做服务群众的热心人。台阶高高，隔断的是鱼水情深；大门皇皇，刺痛的是党心民心。机关大门讲的是风格，不是排场；要的是便民，不是唬民。看似威武气派的“大宅门”，实则是封建社会的衙门做派和旧官僚思想的“还魂”。新时代的人民公务员，要名副其实地做人民的公仆，接地气、通下情、暖民心。不要人为地筑起一道阻隔政府与群众的铁栅栏，而应当是公开透明的“敞亮门”，是群众有事找得到的“便民门”，是为人民群众解忧助困的“服务门”！

杜绝“推拉门”，就是要做服务群众的实心人。我国行政体制的改革和完善依然在积极推进，各部门之间还存在着一些职权和利益的交错。在面对群众问题特别是一些棘手问题的时候，部门之间往往会发生推诿扯皮的现象，就像“推拉门”，推来推去，最后挡住了群众解决问题的去路。实际上，并不能把这一现象发生的原因都归结于部门关系没理顺，因为在生活中还屡屡发生着另外一种奇怪的现象。打个比方，一个国土局长，遇到自己亲戚找工作、子女升学，就多跑跑，最后自己摇身一变，俨然当了回“人社局长”“教育局长”；可缘何面对身处困境中的群众，就又坚守“本分”起来呢？归根结底还是个人权力观的问题：没理顺的不是部门关系，而是“权力从哪里来”“用权为了谁”这个问题没搞明白。

杜绝“旋转门”，就是要做服务群众的贴心人。有些时候，机关大门倒是进得去，进去以后工作人员也是笑脸相迎甚是热情，但回去几个月问题都不见解决。这就好像现在一些酒店的旋转门，你进去是进去了，但什么事都没办又转出来了。这种现象背后反映的是一些人在面对群众疾苦的时候，花拳绣腿、敷衍了事。此风愈盛，便愈要丢掉人民群众对党和政府的信任，甚至是散尽民心、丢权垮台！所以，必须加强对公职人员的教育引导、责任规范和制度约束，使之认识到自己的一言一行关系党同人民群众的血肉联系，使之行为处世受到责任和制度的约束，真正使得领导干部在群众身边做出实绩、赢得民心！

衙斋卧听萧萧竹，疑是民间疾苦声。坐卧在衙署书房里的郑板桥尚且能够听到民间百姓的疾苦。这告诉我们：真正可能阻隔政府与群众的那道门不在机关大院里，而在每个领导干部心里。只要我们时时刻刻心里装着群众，欢乐着人民的欢乐，忧患着人民的忧患，为群众办急事、办实事、办好事，就一定能够打开一扇服务群众、鱼水情深的暖心门！

（二）增强群众工作本领必须与特权思想、官僚主义作斗争

党员干部是一个特殊群体，担负重要的领导职责，受到广泛的社会关注，一言一行都体现着党风、政风，都影响着民风、社风。这种特殊性决定了党员干部要在遵规守纪上有一份特殊的认真，要在道德修养上有一份特殊的觉悟，要在干事创业上有一份特殊的干劲。党员干部讲特殊，讲的不是特殊利益、特权思想、特别待遇，而是特殊的责任、要求和信仰。邓小平作为党的领袖，他在复出时深情地说："我出来工作，可以有两种态度，一个是做官，一个是做点工作。

我想，谁叫你当共产党人呢。既然当了，就不能够做官，不能够有私心杂念，不能够有别的选择。”这就是党员干部该有的精神境界：把自己看得平凡，把事业看得伟大；把官职看得平常，把使命看得崇高；把名利看得平淡，把责任看得重于泰山。

党员干部如果对自己的“特殊性”理解存在偏差，错把责任担当的特殊、纪律要求的特殊、事业理想的特殊当成个人地位的特殊、任性用权的特殊、物质满足的特殊，那么就势必会滑向腐败堕落的深渊。被查处的党员干部，无论其官职大小，在其贪腐行为的背后，无不伴随着特权思想的作祟和特权现象的蔓延。究其原因，就在于个别党员干部没有端正自己的世界观、权力观和事业观，把自己看得过于特殊，时时追求特殊化、事事讲究特殊化、处处需要特殊化，好像没有了特殊化自己就不像个干部。这种特权思想和特权现象既是一个官员滑向腐败深渊的一片泥淖，又是割裂党群、干群关系的一把尖刀。

习近平总书记强调：领导干部严格自律，要注重自觉同特权思想和特权现象作斗争，从自己做起，从身边人管起，从最近的地方构筑起预防和抵制特权的防护网。这就要求每一位党员干部认真审视自身，把职责的特殊性与其他方面的特殊化区别开来，把权力的特殊性与自己是个平常人区分开来，不要让特权阻塞了诤言雅言、割裂了党心民心、断送了坦途正途。权力是党和人民授予的，而不是任何人的私有品；权力是用来为党和人民的事业服务的，而不是任何人私相授受做交易的商品，更不是拿来与组织斤斤计较讨价还价的筹码。党员干部要清醒地认识到人民群众最为伟大、纪律规矩不可挑战，时刻补足理想信念之“钙”，牵好党心民心之“绳”，筑牢思想防护之“网”，绷紧党纪国法之“弦”，坚决抵御特权思想的侵蚀和腐蚀，永远做好人民群众当中的一分子。

咬定青山不放松，立根原在破岩中。郑板桥笔下的石竹之所以能够挺立峭拔，正是因为它深深地扎根在岩石当中。只有根扎得深、扎得牢，才能够任凭风吹浪打、纵有千磨万击，始终保持坚韧、坚定和坚贞。全面深化改革新时期任务很重，诱惑也很多，这就要求党员干部必须坚定人民立场、抵御特权思想，敬畏人民、审慎用权，干净干事、敢于担当，以淡泊的心境与情怀，扎扎实实干好一场中华民族的非凡事业！

（三）增强群众工作本领的根本途径是深入基层、贴近群众

在基层的工作经历，能够使走上领导岗位的同志更了解民之所思、所需、所盼，决策行事更加踏实稳健，不急躁、不务虚、不忘本。领导干部要常到基层，有条件的最好能多住一段时间，特别是年轻有潜力的干部更要到基层，长见

闻、励心智、练本领。

基层是个大课堂，身体力行才能有所收获。学生在课堂里上课不要走神，身到心到、眼到手到是课堂学习的起码要求。干部来到基层，是摆着大机关干部的谱还是装着拜人民为师的心，是端着架子干还是俯着身子干，这是两种截然不同的世界观和成长观。实践是认识的来源，实践才能出真知。要真正在基层有所收获，就必须放下架子、俯下身子，埋头苦干、躬耕实践，在解民忧、办实事的过程中去了解困难群众的疾苦，在化解基层矛盾、与群众打交道的过程中去认识中国社会最真实也最朴实的一面，在夜阑人静、青灯独照的时刻去品味那种与人民群众水乳交融的踏实感和满足感。

基层是个大舞台，亮真功夫才能赢得喝彩。干部到基层，依然面临着“敢不敢干”“能不能干”“干不干好”三个问题。“敢不敢干”是心态问题。有的干部不求有功、但求无过，在矛盾问题面前明哲保身，在群众诉求面前只说不做；以为是参透了上级用意、规划好了自己仕途，实则是寒了群众的心，也辜负了组织的期待。“能不能干”是能力问题。大多数干部知识丰富、文化水平高，但许多基层问题并不是只靠书生意气、秀才弄笔可以解决的，它需要综合素质和综合能力的展现，要在距离群众最近的地方检验自己的才学、做好真正的大学问。“干不干好”是个评价问题。干部在基层表现是否精彩，最根本的还是要看人民群众是不是满意；科学地反映群众对干部表现的满意度对真实客观地评价干部具有十分重要的意义。基层是个舞台，但这个舞台绝不是用来“表演”的。亮出真工夫、留下真感情，才能赢得人民群众发自内心的真诚赞美！

基层是个大家园，诚心实干才能无愧使命。基层是亿万群众生活的大家园，浸润着朴实真挚的人民对现实生活的辛劳与付出，承载着善良可亲的群众对美好未来的渴望与憧憬。对于一些基层干部来说，距离群众最近，首要职责就是为一方百姓服务，保其安康、谋其福祉、成其幸福。任何时候任何情况下，群众利益都是第一位的，干部个人的成长都只能排在为人民群众踏实工作的后面。片面强调个人的利益和一味追求干部自身成长是十分危险的，到头来只会粉身碎骨、万劫不复。人民群众的眼睛是雪亮的，他们能区分出实干家和野心家。不要为了“做官”而忘记了“做人”，不要为了一些充斥个人私利的“结果”而忘记了当初充满理想主义的“为何出发”，不要只看到了“跳板”却看不清“往哪儿跳”的方向。

但愿苍生俱饱暖，不辞辛苦出山林。无论深居山林，还是出于山林，都不要忘记人民何在、根基何在！为天地立心、为生民立命：扎实工作、竭诚奉献，唯有如此，方能对得起用原始劳动哺育了我们的人民大众，方能不辜负党的嘱托，不辜负数以亿计的人民群众对我们的期待！

人心齐，泰山移。我们党诞生于民族危亡时刻，正是处在水深火热之中的中华民族和中国人民催生了中国共产党救国救民、强国富民的赤子之心。党从成立之初就在为“人民解放”和“人民幸福”而奋斗。96 年来，党与人民风雨同舟、生死相依，党带领人民艰苦奋斗、破浪前进。96 年的历史启示我们：人民群众的衷心拥护是党的生命之源，人民群众的不懈奋斗是党的力量之源，人民群众的实践探索是党的智慧之源。全心全意为人民服务是党的宗旨，也应当是每一位党员领导干部的初心。中国共产党人的价值天平要永远向人民群众倾斜，在共产党人的价值排序中人民利益永远排在最前面。习近平总书记指出，人民对美好生活的向往，就是我们的奋斗目标。每一位党员领导干部都要牢记为民宗旨，不忘赤子之心，积极干事创业，时刻把人民群众的安危冷暖记在心头，在工作一线、在群众身前、在改革前沿，扎实工作、竭诚奉献，用实干成就事业，用奉献造福人民！

第七章　开启全面建设新征程
增强狠抓落实本领

在新时代、新形势下，中国共产党第十九次全国代表大会胜利召开，党中央做出了对过去工作和历史性变革的深刻总结，提出对以后一段时期内全党全国工作的蓝图规划和战略安排。面对实现中华民族伟大复兴中国梦，面对建设社会主义现代化强国，我们的任务光荣而艰巨。要把党的十九大确定的宏伟蓝图变为现实，关键就是要狠抓落实，增强党的狠抓落实的执政本领。这就是习近平总书记在十九大报告中指出："增强狠抓落实本领，要坚持说实话、谋实事、出实招、求实效，把雷厉风行和久久为功有机结合起来，勇于攻坚克难，以钉钉子精神做实做细做好各项工作。"①

一、增强狠抓落实本领的现实与理论意义

狠抓落实，实干成就梦想，这既是我们党执政能力的重

① 习近平：《决胜全面建成小康社会　夺取新时代中国特色社会主义伟大胜利——在中国共产党第十九次全国代表大会上的报告》，人民出版社 2017 年版，第 69 页。

要展现，也是对各级领导干部能力和水平的重要检验。习近平总书记强调："面向未来，全面建成小康社会要靠实干，基本实现现代化要靠实干，实现中华民族伟大复兴要靠实干。"[①] 增强狠抓落实本领，是立足新时代中国特色社会主义基本国情，总结当前中国面临的重大问题导向得出的重大判断和基本认识。增强狠抓落实本领，对于加强党的建设和开展以后各项工作具有十分重要的现实与理论意义。

（一）增强狠抓落实本领的现实意义

1. 增强狠抓落实本领是中国共产党执政建设的内在要求

"空谈误国，实干兴邦"。这是千百年来人们从历史的经验和教训当中总结出来的重要结论。古人曰："道虽迩，不行不至；事虽小，不为不成"，"为政贵在行"，"以实则治，以文则不治"，反对空谈、强调实干、注重落实，增强狠抓落实本领，也成为我们党的优良传统，成为中国共产党执政建设的内在要求。对于狠抓落实的极端重要性和重要意义，我们党及党的主要领导同志都有过诸多经典阐述。毛泽东要求党员干部要有一种"认真实干"的精神，"一件事不做则已，做则必做到底，做到最后胜利""什么东西只有抓得很紧，毫不放松，才能抓住。抓而不紧，等于不抓"。

① 中共中央宣传部：《习近平总书记系列重要讲话读本》，学习出版社、人民出版社2016年版，第13页。

邓小平强调“少说空话、多干实事”，凡事都“要落在实处”，“开会、讲话都要解决问题”。江泽民强调“落实，落实，再落实，因为这是做好一切工作的关键环节”，“要在层层抓落实、层层抓解决问题上下功夫”。胡锦涛强调“坚持发扬共产党人的革命精神和坚持科学求实态度的统一，脚踏实地，埋头苦干，讲实效，办实事”。习近平总书记强调“一分部署，九分落实”，“如果不沉下心来抓落实，再好的目标，再好的蓝图，也只是镜中花、水中月”。这些经典论述清楚深刻地阐述了狠抓落实的基本要求和重要意义，成为我们工作的始终遵循。

我们党坚持以马克思主义作为指导思想，善于把理想信念、目标纲领同具体落实、埋头苦干紧密结合起来，既不忘仰望星空，也不忘脚踏实地。我们党自从 1921 年建立以来，我们之所以在各个不同历史时期取得党和人民事业的伟大成就，在全国各族人民中享有崇高威望，就是首先将马克思主义基本原理同中国具体实际结合起来，形成符合中国现实的科学的理论和路线方针政策，继而全党同志团结带领全体民众逐步把党的路线方针政策变成认识和改造世界的巨大精神和物质力量。我们党和国家所取得的全部成就，都是干出来的，都是落实来的。

我们在中国特色社会主义的伟大事业进程中要谋求狠抓落实，就必须有坚强的党的领导；而加强党的执政建设，就内在地要求党必须增强狠抓落实本领，这两者是互为因果、相辅相成的。实事求是地讲，落实层面存在“上面千条线，下面一根针”的现实状况。党的各项政策都要通过执政前沿的领导干部传递给广大群众，上级各项部署要求都要通过下级传达给千家万户。如果落实抓得不好，再好的顶层设计也会落地成空，再伟大的目标任务也无法实现。所以增强狠抓落实本领是党的现实工作的需要，更是党和人民伟大事业发展的需要。作为领导工作当中极为重要的环节，狠抓落实“是党的思想路线和群众路线的根本要求，也是衡量党员领导干部世界观正确与否和党性强不强的一个重要标志[①]”。

2. 增强狠抓落实本领是全面深化改革工作的客观要求

“行百里者半九十”。随着改革开放进入攻坚期和深水区，全面深化改革的宏伟蓝图已经绘就，狠抓落实也就成为当前一切工作的客观要求。向改革的纵深处推进，实现人民对美好生活的向往，必须一手狠抓标志性、引领性、支柱性的重大改革的推进，一手狠抓改革举措的具体落地实施。我们在全面深化改革中体现出的对于落实的态度和方法论，表现出的关于狠抓落实的部署和重要指示，深刻影响着改革发展的大局。

改革开放推进至今，“全面深化改革取得重大突破。蹄疾步稳推进全面深化改革，坚决破除各方面体制机制弊端。

① 习近平：《关键在于落实》（2011 年 3 月 1 日），在中央党校 2011 年春季学期开学典礼上的讲话。

改革全面发力、多点突破、纵深推进，着力增强改革系统性、整体性、协同性，压茬拓展改革广度和深度，推出1500多项改革措施，重要领域和关键环节改革取得突破性进展，主要领域改革主体框架基本确立[①]”。虽然全国性的深化改革方案已经出台诸多，但其中大多还都只是停留在决策层面，下沉落实工作尚未取得决定性成效。有的地方、部门和单位对中央做出的方针政策和重大部署，只是口头上讲、文件上写，贯彻落实却不尽如人意；甚至存在某些中央明令禁止的事情，仍然屡教不改、我行我素。全面深化改革的过程中，对于狠抓落实的不重视和不擅长的问题依然存在。解决好领导工作当中狠抓落实不够有力、不够有效的问题，对于我国经济社会发展、党的执政地位的巩固、国家的长治久安，对于推动全面深化改革、建设社会主义现代化强国具有十分重要的意义。

目前，我国正处在全面深化改革的攻坚阶段，这就要求我们党员干部争当改革的促进派和实干家，营造改革的良好环境。这就要求我们在面对改革举措时要增强狠抓落实本领，一方面坚持党中央的全面领导，同时尊重发挥基层地方的首创精神；另一方面鼓励创新、表扬先进，同时允许试

---

① 习近平：《决胜全面建成小康社会　夺取新时代中国特色社会主义伟大胜利——在中国共产党第十九次全国代表大会上的报告》，人民出版社2017年版，第3页。

错、宽容失败。全面深化改革要求全党同志特别是高级领导干部发扬真抓实干精神，改进工作作风，建立健全抓工作、抓落实的责任制，切实把各项工作抓出实效。在全面深化改革的落实实施当中，要求我们重视调查研究，坚持眼睛向下、脚步向下，了解基层群众所思、所想、所盼，使改革更接地气。这样就为全面深化改革的向前推进，为人民群众对深化改革的心理认同扫清了障碍。这对于我们党增强狠抓落实本领，在全面深化改革工作的过程当中落实改革任务、创造改革成绩是一项客观要求。

3. 增强狠抓落实本领是新时代的必然要求

“幸福不会从天而降，梦想不会自动成真。”当前，中国特色社会主义进入新时代，这“意味着近代以来久经磨难的中华民族迎来了从站起来、富起来到强起来的伟大飞跃，迎来了实现中华民族伟大复兴的光明前景”。[①] 站在五年来全方位、开创性成就和深层次、根本性变革的基础起点上，党出台了一系列重大方针政策，推出了一系列重大举措，但仍存在“一些改革部署和重大政策措施需要进一步落实”[②]

---

① 习近平：《决胜全面建成小康社会　夺取新时代中国特色社会主义伟大胜利——在中国共产党第十九次全国代表大会上的报告》，人民出版社 2017 年版，第 10 页。

② 习近平：《决胜全面建成小康社会　夺取新时代中国特色社会主义伟大胜利——在中国共产党第十九次全国代表大会上的报告》，人民出版社 2017 年版，第 9 页。

的客观要求。这种状况对于人民群众美好生活的需求、对于中华民族伟大复兴的中国梦，在新时代、新形势下给我们在增强狠抓落实本领上提出了必然要求。

中国特色社会主义进入新时代，我国社会主要矛盾发生了变化，这种“人民日益增长的美好生活需要和不平衡不充分的发展之间的矛盾”对我们党强调增强狠抓落实本领提出了严格要求。与以前不同，我国十几亿人的温饱问题已经得到了稳定解决，基础的小康水平已经实现，全面建成小康社会也近在眼前。新时代人民对于美好生活的需要日益广泛，这不仅对物质文化生活提出了更高要求，而且在民主、法治、公平、正义、安全、环境等方面也提出了日益增长的要求。同时，我国社会生产力水平和生产能力虽然总体上成绩喜人，但存在更加突出的发展不平衡不充分问题，并且已经成为制约人民美好生活需要的主要因素。这也就要求我们在落实中央决策部署上狠抓真干，突出地在新时代、新形势下把各项工作认认真真地完成落实好。

求真务实、真抓实干的对立面就是弄虚作假，搞形式主义。新时代提出的狠抓落实的作风，就是针对这些不良之风，坚决打击不良之风的行动。增强党的狠抓落实本领就是对这种错误思想和行为的坚决亮剑。与狠抓落实完全相反，不同表现形式的形式主义都有相同的特征，即注重形式、口号、数量和眼前，轻视内容、行动、质量和长远。充斥前者忽视后者，是无论如何都达不成新时代所要求的目标追求的。形式主义所造成的人力、物力、财力和时间上的浪费，必定助长弄虚作假的不良作风，丢失狠抓落实的精神品格，严重损害党和政府的形象和威望。对为人民谋幸福、为民族谋复兴，对实现中华民族伟大复兴的中国梦，对建设社会主义现代化强国，增强狠抓落实本领必然是新时代中国对党的执政本领提出的必然要求。

（二）增强狠抓落实本领的理论意义

1. 增强狠抓落实本领丰富了认识与实践的辩证关系

狠抓落实，就是把党的决策变为人们的实践行动、由认识世界到改造世界的过程，这无疑需要克服主观和客观上的诸多障碍，需要付出艰辛的努力。只有深入贯彻落实党的路线方针政策，狠抓落实才能始终坚持正确的方向，才能始终弘扬脚踏实地、埋头苦干的精神，也才能使各项落实工作保持不竭的动力。

实践是检验真理的唯一标准。决策、认识和理论只有通过具体实践的落实过程，才能作用于客观实际，继而以问题意识反馈出来，对理论进行完善，完善决策过程的丰富性和准确性。毛泽东同志谈及理论与实践关系问题时强调：“人类认识的历史告诉我们，许多理论的真理性是不完全的，经过实践的检验而纠正了它们的不完全性。许多理论是错误的，经过实践的检验而纠正其错误。所谓实践是真理的标准，所谓‘生活、实践的观点，应该是认识论的首先的和基本的观点’，理由就在这个地方。”[①] 所以在落实问题上，要充分调整决策认识和落实实施的辩证关系。

认识与实践、理论与实践的不断反复的过程是充满矛盾的，狠抓落实的过程必然会遇到许多矛盾和问题，只有努力解决好这些问题，才能把落实工作真正做好、抓出实效。矛盾和问题是普遍存在的，我们在各项工作包括狠抓落实工作当中，不要怕遇到矛盾和问题，而要敢于正视它们，要同群众一道千方百计去求得及时的正确解决。这正是各级领导干部在狠抓落实工作中应该具有的负责任的态度。同时，狠抓落实贵在持之以恒，也难在持之以恒。有些地方、部门和单位狠抓落实之所以成效不佳，往往与缺乏经常抓、反复抓、持久抓有关。抓落实，一定要防止虎头蛇尾。目标确定了，任务明确了，就要咬定青山不放松，不达目的不罢休。只有这样，在解决矛盾的过程中，在反复抓落实的过程中，我们才可以丰富认识与实践的辩证理论关系，更加增强党的狠抓落实本领。

2. 增强狠抓落实本领加强了共产党对执政规律的理论认识

全心全意为人民服务是中国共产党的根本宗旨，党的各项工作都必须以最广大人民的根本利益为出发点和落脚点。

---

① 《毛泽东选集》第一卷，人民出版社 1991 年版，第 293 页。

从这个意义上讲，是否狠抓落实直接反映着领导干部的宗旨意识和党性观念。各级领导干部不论职务高低，都身体力行党的宗旨意识，把以人为本、执政为民贯穿到各项工作的落实中去，这样也就加强了对共产党执政规律的理论认识。

在其位，谋其政。我们党是为人民执政的，每个领导干部都要有执政为民的高度使命感和责任感。狠抓落实，也是对各级领导干部使命感和责任感的重要检验。我们必须认识到，党和人民把为人民服务的重任交到我们手中，这是一种多么伟大的信任和责任。邓小平指出："在气象一新、大家都满意、大家高高兴兴的情况下，工作好做"，在"不是那么兴旺的情况下，工作难做。越是在这个时候，越要多做工作，越要做得深入细致"。[①] 新时代对于党的狠抓落实本领就提出了这样的细致工作的要求。

我们党对于共产党执政规律的理论认识，是在不断的深化学习中加强的。我们对在狠抓落实的过程中，不同的价值观、政绩观会有不同的抓法，产生不同的结果。这就要求我们平常做工作、干事情，如果能够上有利于国家、下有利于人民，符合国家和人民眼前利益、长远利益的要求，促进经济社会发展、国家富强和人民幸福，那就做出了党和人民所需要的真正政绩，也就加强了对共产党执政规律的理论认识。规律是长期性的认识和积累，领导干部

① 《邓小平文选》第一卷，人民出版社 1994 年版，第 290 页。

在狠抓落实的过程当中，要有“功成不必在我任期”的理念和境界，纠正各种急功近利行为，不贪一时功、不图一时名，多在执政过程中认识到打基础、利长远的重要意义。这就在增强狠抓落实本领上加强了对共产党执政规律的理论认识。

二、新时代增强狠抓落实本领的新要求

常言道：悠悠万事，贵在落实。党的十九大报告在新时代新形势下对增强狠抓落实本领提出具体新要求：“增强狠抓落实本领，坚持说实话、谋实事、出实招、求实效，把雷厉风行和久久为功有机结合起来，勇于攻坚克难，以钉钉子精神做实做细做好各项工作。”①

（一）坚持说实话、谋实事、出实招、求实效

“狠抓落实”是一种本领。我们在生活中经常遇到这样的情况：不少人、不少地方、不少工作存在“一鼓作气，再而衰，三而竭”的情况，有轰轰烈烈的开场白，却缺少有声有色的片尾曲，工作虎头蛇尾，最终没有达到好的效果，根子就在不重落实、落不实、没落实。新时代对于增强这方面

---

① 习近平：《决胜全面建成小康社会　夺取新时代中国特色社会主义伟大胜利——在中国共产党第十九次全国代表大会上的报告》，人民出版社 2017 年版，第 69 页。

的作风提出了新要求。

什么叫狠抓落实？怎么样做到狠抓落实？十九大报告提纲挈领的“四实”做出了具体概括：说实话、谋实事、出实招、求实效。这里简单的四个内容、十二个字是很好理解的，但真正做到并且做好又确实是不容易的。我们在实际生活和日常工作当中常常可以见到这样一些情况，有些说话不实，虚头滑脑、云遮雾罩，不能做到一针见血、一语中的；谋事不实，哄哄嚷嚷、热热闹闹，不能深入内层、探究本质；出招不实，“拍脑袋”“图好看”，而不是好好做决策配套的实招；成效不实，或“说了不算”“落实不好”，或“雷声大雨点小”“雨过地皮都不湿”。这就要求我们在说话、谋事、出招、见效的各个层次问题上能有“狠抓落实”的风格和要求，切实增强党的执政本领建设。这也正是在新时代特征下，我们面对繁重复杂的各项工作必须坚持的作风特点。与此相反，我们必须坚决反对干部群众反映强烈的形式主义、官僚主义、享乐主义和奢靡之风“四风”，以身作则带领群众把各项工作落到实处。

（二）把雷厉风行和久久为功有机结合起来

历史和现实都有无数教训：许多人有干事之心，也确有一点成就，唯一做不到的就是坚持做下去，终于一事无成。这样的教训，值得永远牢记而不使重蹈覆辙。新时代新形势下产生和存在的问题，许多都需要长期坚持才可得以解决。狠抓落实能不能做到在困难面前迎难而上、知难而进，这对领导干部的原则立场是一个现实的考验。坚持党的原则，怀着全心全意为人民服务的公心，这是对抓好落实工作的两条重要宗旨。一边是重于落实实效的雷厉风行，一边是重于落实持久的久久为功，只有这样落实工作才不会走样。

当然，千里之行，始于足下，认识到“蓝图不可能一蹴而就，梦想不可能一夜成真。人间万事出艰辛”，[①] 在如何更好保持久久为功的持久性的问题上，我们就强调必须做好落实的时间表、路线图，一项一项狠抓落实。面对新时代的复杂环境，我们必须站在目标决策的高度，与狠抓落实结合起来，将当前工作与长治长效结合起来，提高预见性、实效性，更好地实现分解任务、落实责任。将工作的落实由易到难、由近及远，以点带线、由线到面步步推进，真正实现雷厉风行下的久久为功。

（三）勇于攻坚克难

“夫战，勇气也。”世界上任何一件有意义的事情，不可能不经历“坚”与“难”而达到目的，阳光总在风雨后，因此勇于攻坚克难，应当作为狠抓落实的基本抓手。“实”

---

① 《习近平谈治国理政》，外文出版社 2014 年版，第 48 页。

是方法论，更是指一种精神状态。我们共产党人在新时代新形势下的生活、工作当中的基本内容就是直面困难、分析困难、斗争困难，并最终战胜困难，取得新时代斗争的伟大胜利。

过山登峰，跨沟越壑。当前，我国经济运行虽然总体平稳，并稳中有进，但经济下行的压力较大，风险挑战明显较多。站在进入新时代的历史交汇期，我们必须认识到“我国仍处于并将长期处于社会主义初级阶段的基本国情没有变，我国是世界最大发展中国家的国际地位没有变”。[①] 全面深化改革面临新的课题，肩负新的任务。但是我们并不畏惧任何发展所带来的暂时性的难题，我国正处在建设工业化、城镇化进程的关键时期，改革动力强，内需空间大，发展有韧性，创新有手段。总体而言，我们面临的境遇是希望大于困难。所以我们必须坚定发展信心，勇于攻坚克难，主动作为，狠抓落实。在新时代新阶段，我们必须以人民为中心推进改革发展，想人民所想，急人民所急，切实做好狠抓落实工作。

在历史发展的重要战略机遇期，如何乘势而上，做好新时代的改革工作，就必然要求我们狠抓落实，牢牢把握一个

---

① 习近平：《决胜全面建成小康社会　夺取新时代中国特色社会主义伟大胜利——在中国共产党第十九次全国代表大会上的报告》，人民出版社 2017 年版，第 12 页。

“实”字。改革不是东一榔头西一棒子，不是这里抓一把那里敲一下，进行到现在，改革面对的更多是啃硬骨头、涉险滩的硬碰硬的攻坚战，做一些“花架子”“嘴上功”是完全不行的。新时代的改革如逆水行舟，一篙放松都要不得，真正是狭路相逢勇者胜。从总揽全局的战略谋划，到因地制宜的基层落实，都必须突出“实”的要求。改革永无止境，考验着我们的能力与意志。新时代新形势要求和督促我们把思想和行动统一到中央部署上来，咬定目标、扭住关键、狠抓落实，奋力开创改革发展新局面，为实现伟大复兴的中国梦、建设社会主义现代化强国提供源源不竭的动力。

（四）以“钉钉子”精神做实做细做好各项工作

天下大事必作于细。习近平总书记指出：“崇尚实干、狠抓落实是我反复强调的。如果不沉下心来抓落实，再好的目标，再好的蓝图，也只是镜中花、水中月。”① 抓落实的过程，也是一个积小胜为大胜、积跬步至千里的过程。从细节入手，落实才会日见成效。许多问题客观存在的原因就是失之于粗、失之于虚。

在日常工作，尤其是落实工作当中，求真务实最宝贵，也最难得。这里的“真”和“实”自然指的是落实，而

① 习近平：《对全国党委秘书长会议作出的批示》，《人民日报》2014 年 10 月 12 日。

“求”和“务”则指的是狠抓落实中必须具有的精神状态，即一种“钉钉子”的精神。具体工作的繁重是可想而知的，但当我们想到各项工作的顺利完成都与广大人民群众的利益实现息息相关，必须做到一切从实际出发。然而有些领导干部总认为自己只负责抓大事、管宏观，习惯了坐机关、发指示，对于深入实际、深入群众不习惯、也不愿意，这样就在一件件所谓小事当中失去了落实本领和民心所向。这种认识和做法是不全面、不恰当的。领导干部在决策部署后，必须研究具体办法，明确具体责任，一环扣一环去抓，这样才能实现各项决策和部署的全面落实。习近平总书记对此专门指出：“在贯彻落实上，要防止徒陈空文、等待观望、急功近利”，“要防止‘改革与我无关，开放离我很远’的错误认识，切忌等待观望、裹足不前或自我陶醉、自我满足。”① 狠抓落实的工作必须抓得很具体、很细致、很扎实，这也是增强党的执政本领和执政水平，发扬求真务实、真抓实干优良作风的必然要求。必须以“钉钉子”精神抓好改革落实，扭住关键、精准发力，盯着抓、反复抓，直到抓出成效。

---

① 习近平：《在省部级主要领导干部学习贯彻十八届三中全会精神全面深化改革专题研讨班上的讲话》，2014 年 2 月 17 日。

三、增强狠抓落实本领的实践路径

“今天，我们比历史上任何时期都更接近、更有信心和能力实现中华民族伟大复兴的目标。行百里者半九十。中华民族伟大复兴，绝不是轻轻松松、敲锣打鼓就能实现的。全党必须准备付出更为艰巨、更为艰苦的努力”。[①] 新时代新形势下，习近平总书记在十九大报告中对广大党员干部在落实问题上提出了更高、更严格的要求，而对于增强党的狠抓落实本领，主要有以下几个方面的努力方向和实践路径。

（一）全体党员争当改革的促进派和实干家

“宝剑锋从磨砺出，梅花香自苦寒来。”要想成就一番事业就必须经历一番磨难。新时代新形势下，既要胸怀理想又要脚踏实地，把事情做扎实，把改革发展稳定的任务落实好，一步一个脚印朝着梦想奋进，这就需要每一位共产党员既是梦想家，又要争当改革的促进派和实干家。如果只是停留在纸上谈兵，从不真抓实干，那么再宏伟的蓝图都会落空，再美好的梦想也不能成真。要在全社会大力

---

① 习近平：《决胜全面建成小康社会　夺取新时代中国特色社会主义伟大胜利——在中国共产党第十九次全国代表大会上的报告》，人民出版社 2017 年版，第 15 页。

弘扬真抓实干、求真务实的良好风尚，就必须要求各级领导干部带头发扬实干精神，出实策、鼓实劲、办实事，不图虚名，不务虚功，以身作则带领群众把各项工作落到实处。

我们的国家，我们的民族，从近代积贫积弱一步步走到今天的发展繁荣，靠的就是一代又一代人的顽强拼搏，靠的就是中华民族自强不息的奋斗精神。当前我国社会主要矛盾已从“人民日益增长的物质文化需要同落后的社会生产之间的矛盾”转化为“人民日益增长的美好生活需要和不平衡不充分发展之间的矛盾”，但我国仍处于社会主义初级阶段的基本国情，我国是世界上最大发展中国家的国际地位没有变。我们在前进道路上还会遇到难以预料的问题和困难，这就需要我们全党增强狠抓落实本领，做到居安思危、艰苦奋斗，始终保持这种革命的热情和奋斗精神。

习近平总书记强调：“要注重调动各方面推动改革、参与改革的积极性，鼓励广大干部既当改革促进派又当改革实干家，盯住干、马上办。”拥护改革、支持改革、敢于担当的就是促进派，把改革抓在手上、落到实处、干出成效的就是实干家。改革推进到今天，比认识更重要的是决心，比方法更重要的是担当。要把抓改革作为一项重大政治责任，坚定改革信心和决心，增强推进改革的思想自觉和行动自觉。

各级领导负责同志对抓改革、抓落实负有直接责任，要亲自抓谋划、抓部署、抓督察、抓落实。对中央部署的改革任务，要高度重视、亲历亲为，中央有具体要求的，要一竿子插到底，不折不扣落实下去；中央提出原则要求的，要结合实际进行细化实化。对本地区本部门的改革任务，既要抓紧推进、敢于突破，又要立足全局、通盘考虑。要注意协调力量，创新工作方法，集中精力打通“最后一公里”。要着力强化敢于担当、攻坚克难的用人导向，把全体党员同志中那些想改革、谋改革、善改革的干部用起来，鼓励党员干部勇挑重担、冲锋在前。

（二）完善狠抓落实的科学管理工作机制

“没有规矩，不成方圆”。邓小平强调：“制度好，可以使坏人无法任意横行；制度不好，可以使好人无法充分地做好事，甚至会走向反面。”制度是管根本、管全局、管长期、管稳定的东西。领导干部是党增强狠抓落实本领的无声榜样，对于十九大精神和具体要求必须带头学、带头讲、带头干。带头督促抓好本地区本部门的学习，带头深入基层开展宣讲，带头弘扬理论联系实际的学风，让广大群众完全听得懂、能领会、可落实。但这并不是唯一性和科学性的动力源泉，建立科学管理的工作机制更显重要。

新时代新形势下增强狠抓落实本领，就是要求制定强有力的组织措施、考核措施、激励措施，健全抓落实的工作机制。特别是要健全人人负责、层层负责、环环相扣、科学合理、行之有效的工作责任制。有的地方、部门和单位存在工作推诿扯皮现象，与目标责任不明确、工作任务没细化有很大关系。要科学进行责任分解，把目标任务分解到部门、具体到项目、落实到岗位、量化到个人，以责任制促落实、以责任制保成效，形成一级抓一级、层层抓落实的工作局面。要进一步完善巡视督查制度、信息反馈制度、情况通报制度、重大责任追究制度，及时掌握工作进展情况，及时发现带有苗头性、倾向性的问题，及时找出薄弱环节，及时采取针对措施，及时排除工作中的障碍和困难。

当然，在整个工作机制当中，党委要起到核心作用。要抓主体责任，凡是承担改革任务的地方和部门，都要知责明责、守责尽责，各就各位、各负其责。要抓督办协调，对敷衍塞责、拖延扯皮、屡推不动的，对重视不够、研究甚少、贯彻乏力的要进行问责。要抓督察落实，强化督察职能，确定一批重点改革督察项目，形成全党上下抓改革落实的局面。要抓完善机制，抓紧完善督办协调、督察落实、考评激励、责任追究等工作机制。要抓改革成效，把是否促进经济社会发展、是否给人民群众带来实实在在的获得感，作为改革成效的评价标准。要抓成果巩固，及时总结推广改革经验，把各项成果总结好、巩固好、发展好，努力使实践成果上升为制度成果。

（三）奠定狠抓落实的坚实群众基础

习近平总书记指出："要尊重和发挥地方、基层、群众首创精神，既鼓励创新、表扬先进，也允许试错、宽容失败。"① 我们强化党员干部为民意识，以深入基层、改善民生、助推发展，真正沉下心、沉下身为狠抓落实奠定群众基础。"待入尘寰，与众悲欢"，深入群众中间为人民群众办实事、做好事、解难事。只有这样，我们才会有牢固的群众基础，下面的工作才会落实得更到位。

我们的建设以人民为中心，狠抓落实必然要求有坚实的群众基础，这样才能既得到人民群众的拥护，又推动落实工作的开展。第一，是要下沉一线，站在人民群众中间，心贴心知民声、知民意。决策过程需要问政于民、问计于民、问需于民，落实过程同样需要如此。要深入基层群众、农家小院、田间地头、工厂车间，通过座谈会、庭院会、企业会的形式，以问卷调查、个别访谈、实地查看等各种方式，与人民群众"零距离"接触、面对面交流，切实掌握基层群众的生产生活状况，了解群众的真实意愿和急迫需求。这样就为我们奠定坚实的群众基础、掌握基本情况，做好狠抓落实

① 中共中央宣传部：《习近平总书记系列重要讲话读本》，学习出版社、人民出版社 2016 年版，第 84 页。

工作提供了群众保障。第二，是要改进服务，落实政策解民困。深入推进联系群众，教育引导广大党员干部职工转变工作作风。采取上门服务、跟踪服务和定向服务的方式，着力解决困难党员群众生活生产困难。党的坚实的群众基础在面对落实问题上不会存在畏难情绪和不理解的地方。第三，是整合资源，手牵手助发展。开展全方位多层次的活动，整合党政机关、事业单位、企业优势资源，使群众发展自身，获得更多的幸福感。第四，是化解纷争促进和谐。为了拓宽政策落实的沟通渠道，我们需要在前期的工作中做好人民群众的发动工作。深入开展路线、方针、政策、法律宣讲，提升基层群众理解能力和信任程度，广泛倾听群众意见、接受群众诉求、疏导群众情绪，有效化解群众反映强烈的矛盾问题，将矛盾化解在萌芽状态，这就为增强狠抓落实本领提供了根本性的群众支持，使得落实的过程变得畅通无阻。

（四）深入做好调查研究工作

对于狠抓落实工作中调查研究的重要作用，习近平总书记强调："重视调查研究，坚持眼睛向下、脚步向下，了解基层群众所思、所想、所盼，使改革更接地气。"① "一勤天下无难事"，调查研究是我们党关于做好落实工作必需的

① 中共中央宣传部：《习近平总书记系列重要讲话读本》，学习出版社、人民出版社 2016 年版，第 84 页。

一项基本功，是我们的谋事成事的基石，是我们党做好领导工作的传家宝，必须永远发扬而不能丢弃。越是环境复杂变化、任务艰巨繁重，就越是要大兴调查研究之风。

毛泽东在其著名的《反对本本主义》中对具体工作中的调查研究给予了高度重视，他强调："没有调查，没有发言权"，"一切结论产生于调查情况的末尾，而不是在它的先头"，"调查就像'十月怀胎'，解决问题就像'一朝分娩'。调查就是解决问题"。[①] 调查研究给我们狠抓落实提供了前提，第一线实践可以帮助我们理清纷繁的思绪，夯实干事的根基。只有充分进行调查研究，我们才可以找出对应的问题，得出对照的结论，继而在面对人民群众解决落实难题的时候，才能寻求到稳、准、狠的切入点，以增强狠抓落实的本领。

① 《毛泽东选集》第一卷，人民出版社 1991 年版，第 109—111 页。

第八章　防范化解重大风险
增强驾驭风险的本领

党的十九大报告中特别提到“全面增强执政本领”。“行百里者半九十。”如果我们没有高超的执政本领，不能够有效应对重大挑战、抵御重大风险、克服重大阻力、解决重大矛盾，第一个百年奋斗目标就不能按时达成，就无法兑现我们党向人民、向历史作出的庄严承诺。

一、增强驾驭风险本领的重要意义

当今世界正处在大发展大变革大调整时期，当代中国正处于全面建成小康社会的决胜阶段，如何应对执政风险是党不容回避的重大课题。党的十九大报告特别指出：“增强驾驭风险本领，健全各方面风险防控机制，善于处理各种复杂矛盾，勇于战胜前进道路上的各种艰难险阻，牢牢把握工作主动。”这是对我们党新时期驾驭风险本领的总体要求，深刻认识到我们党增强驾驭风险本领的重要意义，对于我们党如期全面建成小康社会和开启全面建设社会主义现代化国家新征程有着极其重要的作用。

（一）增强驾驭风险本领是改革开放取得伟大成就的重要经验

改革开放是我们党在国内外各种风险中进行的。“文化大革命”结束后，“整个国民经济几乎到了崩溃的边缘”。在这样的形势下，以邓小平为核心的第二代领导集体以极大的政治勇气和使命担当，开始了伟大的改革开放事业。20世纪80年代末90年代初，面对苏东剧变和西方对中国的“和平演变”，国内外形势空前严峻，“山雨欲来风满楼”，党内和一部分干部群众中一度出现了对党和国家改革开放政策的模糊认识，甚至出现了姓“资”姓“社”的争论。邓小平适时发表南方谈话，重申了深化改革、加速发展的必要性和重要性，掀起了改革开放的第二次浪潮。这才有了改革开放近四十年的伟大成就。改革开放的历程不是一帆风顺的，是“摸着石头过河”，是在国内外各种风险中进行的，是我们党“杀出一条血路”闯出来的。当时，我们党面对从未遇到过的风险和挑战，克服从未遇到过的困难，不断提高我们党执政能力，增强驾驭风险的本领，让中国的面貌焕然一新。如今，“我国改革已经进入攻坚期和深水区。要敢于啃硬骨头，敢于涉险滩，更加尊重市场规律，更好发挥政府作用，以开放的最大优势谋求更大发展空间”。这意味着我们党肩负的使命和责任更重了，将要面对的国内外各种风险只会更多、更大，领导干部更要增强驾驭风险的本领。

改革开放近四十年来取得的巨大成就来之不易，是我们党驾驭国内外各种风险，克服各种艰难险阻取得的。改革开放取得的这些伟大成就，不仅仅依靠党和国家领导人崇高的理想信念和正确的政治决断，还有我们党各级领导干部高超的应对各种风险和挑战的执政能力。每一次认识的转变，都是我们党为解决当时国家面临的重大矛盾和挑战所推动的，也是我们党应对新的挑战和风险，自我加压，增强驾驭风险能力的历程。

改革开放为我们党增强驾驭国内外各种风险的本领提供了丰富经验。改革开放以来，我们党在国际环境、对外交往、经济建设、政治建设、思想文化建设、社会建设、生态建设、党的建设、一国两制、军队建设各个方面积累了丰富的经验。这些经验对于我们党在新时代应对国内外各种风险提供了巨大帮助，这些经验中的重要一条就是："增强驾驭风险本领，健全各方面风险防控机制，善于处理各种复杂矛盾"[①]。历史是从昨天走到今天再走向明天，历史的联系是不可能割断的，人们总是在继承前人的基础上向前发展的。

领导干部要多学习历史，从历史中汲取经验教训，尤其

---

① 习近平：《决胜全面建成小康社会 夺取新时代中国特色社会主义伟大胜利——在中国共产党第十九次全国代表大会上的报告》，人民出版社 2017 年版，第 69 页。

是从党的历史中汲取经验教训，这是一条增强驾驭风险本领的重要途径。

（二）增强驾驭风险本领是完成“两个一百年”奋斗目标的现实要求

全面建成小康社会是在我国经济社会实现快速发展的基础上提出、推进的，如果我国经济社会发展出现重大风险或意外，必然会影响甚至中断全面建成小康社会的进程。当下，我国正处于全面深化改革的攻坚时期，是打破利益固化藩篱进行经济社会结构调整与转型的关键时期，这一时期必然是各种矛盾集中凸显进而诱发国内外各种矛盾、问题、风险集中爆发的敏感期，既有改革开放近四十年来长期积累但尚未完全解决的旧矛盾、旧问题、旧风险，又有全面深化改革、进行利益重新分配所引发的新矛盾、新问题、新风险。在这种新旧矛盾交织的情况下，做好防范化解重大风险工作尤为重要。所以，防范潜在风险、化解重大风险是打好全面建成小康社会攻坚战的现实要求。

全面建成小康社会后，踏上全面建设社会主义现代化国家新征程，来自国内外的各种风险将更加复杂严峻。“发展起来以后的问题不比不发展时少。”[①]改革开放和社会主义建

---

① 《邓小平年谱（1975—1997）》，中央文献出版社2004年版，第1364页。

设事业越蓬勃前进、越深化发展，“新情况新问题就会越多，面临的风险挑战就会越多，面对的不可预料的事情就会越多”①。当我们开启全面建设社会主义现代化国家新征程时，我们党面临的情况和形势便不同了，国家综合实力更加强大，人民群众的生活水平得到普遍提高，人民群众的基本生活得到切实保障。随之而来的是，人民群众对于精神文化生活的需求更多了，对于中国共产党执政能力的要求更高了，对于政府提供公共服务的要求，对于生活环境改善和生活质量提高的要求，对于社会公共事件的看法日益多元化。我们党需要应对处理的社会矛盾和风险更加复杂。例如，调整产业结构，转变发展方式，缩小收入分配差距，促进城乡、区域协调发展，推进环境治理、倡导绿色发展，提高社会治理水平等，这些问题和矛盾都急需解决，而且随着社会利益多元化，对于党和政府处理这些问题矛盾的手段和能力的要求更高。全面建成小康社会并不意味着国内外各种风险的完美化解，反而意味着我们需要更加高超的驾驭风险本领，应对化解预想不到的风险。

完成“两个一百年”奋斗目标迫切要求我们党增强驾驭风险本领。党的十九大报告提出：“中国特色社会主

---

① 参见中共中央宣传部：《习近平总书记系列重要讲话读本》，学习出版社、人民出版社 2016 年版。

义进入新时代，我国社会主要矛盾已经转化为人民日益增长的美好生活需要和不平衡不充分的发展之间的矛盾。”我国社会的主要矛盾发生了历史性变化，这是关系全局的历史性变化，在人民生活总体上达到小康水平的情况下，对我们党的驾驭风险本领也提出了新的更高的要求。我们要从过去注重发展速度转向更加注重发展质量和内涵，更加关注城乡区域发展差距，进一步突出环境保护和民生发展，增强国家治理体系和治理能力。在新时代的背景下，党的执政工作也面临着“换挡升级”，面对国家出现的新的政治、经济、文化、社会、生态问题，面对中国人民对政府更高更多元的公共服务需求，迫切需要我们党增强驾驭风险本领。只有这样，才能够按时完成“两个一百年”奋斗目标。

（三）增强驾驭风险本领是提高执政能力的重要方式

增强驾驭风险本领有助于提高我们党的执政能力。抵御风险的能力是检验一个政党驾驭风险水平的根本标准 ，是考察党员领导干部应对复杂局面的综合反映。我们党执政的是一个人口最多、历史悠久、地域辽阔的国家，有调动全国人、财、物等资源的大权，从中央到地方的各部门、各地区的领导职务大多由我们党的党员担任，我们党的领导干部能不能驾驭来自国内外的各种风险，能不能经受住来自社会各个方面诱惑的考验，直接影响到我们党的执政地位。面对经济领域的各种问题、潜在风险、系统性风险，面对社会中的突发性事件、群体性事件、重大事故，能不能迅速有效地妥善处理，不仅仅是考验我们党驾驭风险的本领，也是在检验我们党的执政能力。

增强驾驭风险本领有助于提高我们党长期执政的合法性。执政党的合法性，从根本上说，是以其执政绩效、执政能力和民众的支持率为标志的。我们党在土地革命战争时期、抗日战争时期、解放战争时期，是依靠广大人民群众的拥护才取得的胜利。新中国成立以后，我们党依靠人民群众的支持，才建成了独立的比较完整的工业体系和国民经济体系，才造出了“两弹一星”。改革开放以来，我们党带领人民群众聚精会神搞建设、一心一意谋发展，社会中的财富分配出现了不均衡、不平等的现象，社会成员中的利益诉求开始分化，一些不怀好意的西方国家掌握着国际话语霸权借由一些社会中出现的个别事件煽风点火。如果领导干部风险意识、危机管理意识强 ，对于社会中出现的突发性事件、群体性事件处置及时、适当，处理结果人民群众满意，就会让人民群众更加信赖、依靠我们党和政府，增强我们党长期执政的合法性。

增强驾驭风险本领有助于我们党提高国家治理能力

现代化水平。党的十八届三中全会《决定》明确指出："全面深化改革的总目标是完善和发展中国特色社会主义制度，推进国家治理体系和治理能力现代化。"随着新时代的来临和社会主义现代化事业的发展，国家形势任务的新变化、经济社会发展的新要求、人民群众的新向往，都对国家治理体系和治理能力产生巨大的压力。增强驾驭风险本领就是增强对于国家整体发展中、经济社会发展中、人民群众社会中最为迫切、集中的问题、矛盾、风险的驾驭能力，对于这些矛盾和风险的妥善处理应对，不仅维护了国家发展的良好势头，也是国家治理能力的体现。同时，在处理这些问题、矛盾、风险的过程中，会为我们带来大量来自于实践的第一手案例。这些案例总结出的经验教训，都会进一步提高我国国家治理体系和治理能力现代化。

二、新时代来自国内外的风险对领导干部增强驾驭风险本领提出的新要求

党的十九大报告指出："确保党在世界形势深刻变化的历史进程中始终走在时代前列，在应对国内外各种风险和考验的历史进程中始终成为全国人民的主心骨，在坚持和发展中国特色社会主义的历史进程中始终成为坚强领导核心。"

这是新时代对于我们党增强驾驭风险本领的总体要求。同时我们也看到在十九大报告中明确指出："健全金融监管体系，守住不发生系统性金融风险的底线。""健全国家安全体系，加强国家安全法治保障，提高防范和抵御安全风险能力。"这为我们如何增强干部驾驭风险本领划出了重点。明晰了新时代对我们党驾驭风险本领的总体要求和需要重点抵御的风险，需要我们更加具体地了解新时代我们面临哪些方面的风险。在党的十八届五中全会第二次全体会议上，习近平总书记就高瞻远瞩地指出："我们面临的重大风险，既包括国内的经济、政治、意识形态、社会风险以及来自自然界的风险，也包括国际经济、政治、军事风险等。"

（一）增强驾驭风险本领需要明晰国内的各种风险

现在中国的经济总量稳居第二，并且与美国的经济差距也在不断缩小，军事实力飞速发展，世界上已经没有任何一个国家可以打断中华民族伟大复兴的进程。然而"堡垒最容易从内部攻破"。增强驾驭国内风险本领，要有大局观，在应对风险的时候要运用系统思维，站在全局、全国的高度上对各个行业、各领域、各类风险源的调查研判、精准辨别、识别风险……，系统分析各种可能的、潜在的风险及其原因，做到心中有数，切合不同风险对症下药、综合施策、及时化解，力争把风险化解在源头。同时，明晰国内存在的各种风险，才能有针对性地增强驾驭风险本领。具体而言，国内的风险主要包括：经济、政治、意识形态、社会风险以及来自自然界的风险。

第一，经济领域的风险。我国经济已由高速增长阶段转向高质量发展阶段，步入“经济新常态”，我国经济形势发展趋势“稳中向好”，但经济运行中风险仍在，尤其是在金融领域。2017 年中央经济工作会议特别指出：“打好防范化解重大风险攻坚战，重点是防控金融风险，要服务于供给侧结构性改革这条主线，促进形成金融和实体经济、金融和房地产、金融体系内部的良性循环，做好重点领域风险防范和处置，坚决打击违法违规金融活动，加强薄弱环节监管制度建设。”① 金融领域的风险成为经济领域最为重大的风险。保持国民经济的健康持续发展是我们实现“两个一百年”奋斗目标的物质基础，必须高度重视我国经济的健康发展，使其在守住风险底线中平稳运行，为防风险创造了条件，要抓住有利的时间窗口，着力防范化解重点领域风险。

第二，政治领域的风险。政治领域的风险来自两个方面，一个是中国共产党执政安全的风险。“明确中国特色社会主义最本质的特征是中国共产党领导，中国特色社会主义

① 习近平：《在中央经济工作会议上的讲话》，《人民日报》2017 年 12 月 21 日。

制度的最大优势是中国共产党的领导”①，中国共产党的领导是深化改革开放和全面推进中国特色社会主义事业不断取得成功的根本保证。习近平总书记指出：“我们国家要出问题主要出在共产党内，我们党要出问题主要出在干部身上。”② 而今党员干部队伍中还存在这样和那样的问题，还不能很好地适应当前经济社会发展变革的需要。另一个是来自政治建设领域的风险。作为一个蓬勃发展的、拥有 13 多亿人口的发展中大国，能否坚持正确的政治发展道路，事关根本、事关全局。2013 年 10 月 7 日，习近平在亚太经合组织工商领导人峰会演讲中指出：“中国是一个大国，决不能在根本问题上出现颠覆性错误，一旦出现就无法挽回、无法弥补。”③ 中国政治建设可能出现的颠覆性错误主要表现在三个方面：一是改革脱离四项基本原则的风险；二是主张彻底改弦更张，否定中国特色社会主义和改革开放，走上了封闭僵化的老路或者改旗易帜的邪路的风险；三是打着“改革”和“中国特色”的旗号，脱离人民群众，疯狂掠夺国家和人民财富的利益集团固化的风险。

---

① 习近平：《决胜全面建成小康社会 夺取新时代中国特色社会主义伟大胜利——在中国共产党第十九次全国代表大会上的报告》，人民出版社 2017 年版，第 20 页。

② 习近平：《在党的群众路线教育实践活动总结大会上的讲话》，《人民日报》2014 年 10 月 29 日。

③ 中共中央文献研究室：《十八大以来重要文献选编（上）》，中央文献出版社 2014 年版，第 438—439 页。

第三，意识形态领域的风险。当前我国的文化发展和文化建设还远不能适应经济社会快速发展的需要，在意识形态战场不能够牢牢守住阵地，存在诸多风险挑战。一是市场经济条件下极易诱发的拜金主义、享乐主义和极端个人主义有蔓延之势，道德失范、诚信缺失、价值观混乱等现象在青年群体中大量存在。二是意识形态领域的斗争激烈。毛泽东曾经说过，“凡是要推翻一个政权，总要先造成舆论，总要先做意识形态方面的工作。革命的阶级是这样，反革命的阶级也是这样”。[①] 由于我国与西方发达国家综合实力存在差距的现状，西方发达国家用西方标准、西方价值观来评判、诋毁中国共产党的现象愈演愈烈。三是西方国家凭借其在国际话语体系的相对优势，一方面炮制“中国威胁论”“中国崩溃论”“中国责任论”，一边说中国实力已经强大到威胁西方，一边说中国明天可能就要崩溃；另一方面又多渠道、多形式地将西方文化和价值体系向中国兜售和渗透，不顾其是否符合中国国情和发展阶段。尤其是近些年来，在中国香港和台湾地区公然开展“颜色革命”，扰乱社会秩序，企图破坏一国两制，进而向大陆渗透，颠覆国家政权。

第四，社会领域的风险。目前中国社会建设主要存

① 《毛泽东年谱（1949—1976）》第五卷，中央文献出版社 2013 年版，第 153 页。

在两大风险：一是包括收入差距和财产差距的贫富差距逐渐拉大。根据国家统计局统计数据，2008 年达到最高值 0.491，远高于分配不均警戒线 0.4，之后由于国家加大民生建设开始逐年回落。2016 年的数值是 0.465，仍处于较高水平。[①] 另据《中国民生发展报告 2016》显示，2014 年我国家庭净财产基尼系数为 0.7，财产不平等程度严重。二是社会矛盾凸显，群体性事件增多，尤其是网络舆论事件高发，影响到改革发展所需稳定的社会政治环境。土地资源纠纷、劳资经济纠葛、环保问题、事故维权、房产矛盾等依然是群体性事件的主要诱因。同时，在网络空间围绕某些具体利益诉求，如医疗、教育、环保等其他社会热点议题，相关群体会在一段时间内形成网络围观、网络声讨等网络群体事件。值得注意的是，在群体性事件和网络空间中相当部分围观和声讨是基于“正义感”，而非围观和声讨群体的切身利益收到侵犯。

第五，来自自然界的风险。来自自然界的风险主要包括两个方面。一方面是生态保护方面的风险。目前一些地方政府和部门在处理经济发展同生态环境保护的关系方面仍存在诸多不足，水污染、土地污染、大气污染问题仍较严重，食品安全形势仍然严峻，很多地方政府依然不能摆脱过去传统

① 国家统计局网站：http：//www.stats.gov.cn/ztjc/zdtjgz/yblh/zysj/201710/t20171010_ 1540710.html。

的经济发展观念，绿色发展观念没有落到实处。另一方面是自然灾害的风险。中国是世界上自然灾害损失最严重的少数国家之一。据民政部网站消息，2016 年，中国自然灾害以洪涝、台风、风雹和地质灾害为主，各类自然灾害共造成全国近 1.9 亿人次受灾，1432 人因灾死亡，274 人失踪，直接经济损失 5032.9 亿元。随着国民经济持续高速发展、生产规模扩大和社会财富的积累，灾害损失有日益加重的趋势。自然灾害已成为制约国民经济持续稳定发展的主要因素之一。

（二）增强驾驭国际风险本领的新要求

“对世界而言，国际格局和力量对比正处于发展演变的重要关头，各种不稳定不确定因素日益增多，诸多新问题新挑战层出不穷。”① 自 2008 年金融危机以来，国际局势出现了新变化，美国霸权相对衰落，以中国为代表的发展中国家实力相对增强，国际热点地区安全局势不容乐观，传统安全和非传统安全风险增加。对中国而言，早在十六大报告中就已经指出：“综观全局，21 世纪头 20 年，对我国来说，是一个必须紧紧抓住并且可以大有作为的重要战略机遇期。”我们党对世界局势的判断依然正确。为我国紧紧抓住 21 世纪头二十年的重要战略机遇期创造

① 王毅：《在 2017 年国际形势与中国外交研讨会开幕式上的演讲》，外交部网站：http：//www. fmprc. gov. cn/web/wjbzhd/t1518042. shtml。

良好的外部环境，为我国全面建成小康社会提供和平的国际环境，是我们党驾驭国际风险的基本要求。新时代中国主要面临的国际风险来自于中美关系、周边国家安全和非传统安全等。

1. 来自大国的风险

美国作为世界上头号强国，并且将在可预见的相当长时期内继续保持其绝对霸权地位。中国与美国之间的关系是中国对外交往关键中的关键，与美国保持相对稳定的大国关系，是我国保持良好的外部环境的重中之重。近年来，所谓中美之间的"修昔底德陷阱"在西方不时受到热炒。很多人认为，中美两个大国难以跨越这一"陷阱"，最终必将走向冲突与对抗。中美之间的崛起国与守成国之间的结构性矛盾、中美之间的贸易问题、人权问题、朝核问题、钓鱼岛争端、南海问题等都可能给中美关系带来冲击，任何一个方面的问题，如果处理不好都可能会出现恶化中美两国关系的突发性风险，甚至打断我国的现代化进程，丧失重要战略机遇期。中美需要寻找办法来管控并解决分歧，最重要的是要防止危机或冲突的爆发，保持和加强两国之间的沟通渠道，避免出现重大战略误判。我国应该在讲原则的前提下，积极应对来自美国方面的风险和挑战，构建中美新型大国关系，为我国经济社会发展提供良好的外部环境。

2. 来自周边国家的风险

我国是世界上邻国较多的国家，共有20个邻国，不同邻国的具体情况不同，都需要我们高度重视。总体而言，主要有五个方面的危险：一是美日战略威胁与遏制不断升级。美国对中国的战略性威胁和遏制是不会停歇的，日本为了保持自身在亚洲的地位，跟随美国对中国战略遏制的基本态势是不会改变的。二是突发性风险急剧增加。朝鲜半岛核问题成为现阶段最为紧张的地区安全问题，中国台湾岛“台独”分子动作频频，不断挑衅中央政府。这些问题诱发地区安全局势恶化的风险急剧增加。三是周边中小国家政治局势变化对华产生影响。中国周边国家相当部分都是发展中国家，不同程度地存在经济发展水平不高、国家治理能力有限、贪污腐败严重、国内政治派别与利益集团众多、民族与宗教问题复杂等，这些问题如果没有得到妥善解决，都可能会对我国边疆地区产生不同程度消极影响。四是海洋权益争夺带来的风险依然存在。我国在南海问题上已经占据了主动地位，东海问题可能引发的中日冲突风险不高，但是依然存在域外势力强力干预，引发全局势紧张的可能性。随着中国经济社会的高速发展，中国对外交往的不断扩大，我国在本地区的领导权和话语权不断加强，管控周边地区安全风险的能力增强，但是也应该看到，来自周边国家的各种风险依然存在，尤其是域外国家介入我国周边热点问题的热情增加，这些风险对我国的政治经济安全形势影响不容忽视。

3. 来自非传统安全风险

2008年美国金融危机、国内恐怖袭击事件、非洲“埃博拉”病毒和“跨国电信诈骗”等问题对中国的巨大影响，使金融安全、恐怖袭击、传染病、信息网络侵害等非传统安全领域的问题凸显出来，成为中国国家安全面临的突出问题。近年来，我国非传统安全问题开始凸显，跨国犯罪、恐怖主义威胁、传染病蔓延和互联网等非传统安全问题频发，成为我国最有可能引发社会危机的因素。当今世界，由于大国力量制衡和全球反战力量的增强，传统的军事、政治、外交等方面的安全有必要的沟通和控制渠道，非传统安全领域反而由于其隐蔽性和突发性，使得对国家安全的风险增加。例如：美国次贷危机引发的金融危机迅速影响全球、云南昆明火车站暴力恐怖袭击事件、台湾电信诈骗集团、境外对我国的网络攻击等方面。不可否认，非传统安全风险已经成为当前中国面临的各种风险中离人民群众最近、人民群众感知最深的一种风险。

除了来自美国、周边国家和非传统安全的风险，还有全球经济复苏乏力、大国博弈加深、国际安全局势恶化、地区冲突加剧、国际秩序调整加速，全球生态遭到严重破坏等其他风险。

面对上述国内外各种风险，我们党必须增强驾驭风险的本领。习近平在党的十八届五中全会第二次会议讲话中强调，当前中国发展前进的道路坎坷不平，有多种挑战，面临多重陷阱，“诸多矛盾叠加、风险隐患增多的挑战依然严峻复杂。如果应对不好，或者发生系统性风险、犯颠覆性错误，就会延误甚至中断全面建成小康社会进程”。妥善处理来自国际方面的风险，为我国全面建成小康社会创造良好的外部环境，是新时代驾驭国际风险的基本要求。

（三）增强驾驭风险本领需要重点关注金融安全风险和国家安全风险

当前，中国特色社会主义建设进入新的历史阶段，面临来自国际层面以及国内政治、经济、文化、社会、生态建设领域和国家安全领域等诸多风险。我们既要注重总体谋划，又要注重牵住“牛鼻子”。在任何工作中，我们既要讲两点论，又要讲重点论，没有主次，不加区别。眉毛胡子一把抓，是做不好工作的。十九大报告中为我们指出了金融安全风险和国家安全风险是现阶段两个需要特别注意的安全风险。

1. 金融安全风险

习近平总书记在十九大报告中特别强调：“健全金融监

管体系，守住不发生系统性金融风险的底线。”这说明，当前和今后一个时期我国金融领域尚处在风险易发高发期，而且如果应对不当，很可能发生系统性金融风险。当前来自金融安全领域的风险主要有：一是银行业的信用风险。当前银行信用风险管理面临着金融业杠杆率过高、企业过度融资、信用风险与市场风险交叉传染、互联网金融发展无序等问题和挑战。二是地方政府隐性债务风险。2017 年 3 月 7 日，财政部长肖捷介绍：“地方政府债务余额 15.32 万亿元，债务率为 80.5%，低于国际通行警戒标准。”[①] 地方债务相当部分是通过融资平台承担的，一旦地方融资平台违约，地方政府和商业银行将陷入危机，中央政府也将受到连累。三是房地产领域风险。今年，房地产行业平稳发展，控制住了过热增长，但风险犹存。主要有两个方面风险：一是当购房者面临偿还贷款的压力或觉得偿还贷款并不划算时，按揭贷款可能出现违约。二是当房地产企业销售不畅、资金收紧时，面临偿贷压力，开发贷款可能出现违约。

2. 来自国家安全的风险

2014 年 4 月 15 日，中央国家安全委员会第一次会议首次提出了总体国家安全观，这是国家安全观发展史上

---

① 肖捷：《中国不存在债务风险》，《人民日报（海外版）》，2017 年 3 月 8 日。

理论创新的一次重大飞跃与突破。总体安全观包括政治安全、国土安全、军事安全、经济安全、文化安全、社会安全、科技安全、网络安全、生态安全、资源安全、核安全等“十一个重要领域”。这十一个重要领域构成了总体国家安全，每一个领域都有出现威胁国家安全的风险，需要特别注意。通过对国内外形势的研判，习近平明确指出中国国家安全主要面临三大风险：“国家被侵略、被颠覆、被分裂的危险；改革发展稳定大局被破坏的危险和中国特色社会主义发展进程被打断的危险。”他强调指出，我们“必须清醒看到，新形势下我国国家安全和社会安定面临的威胁和挑战增多，特别是各种威胁和挑战联动效应明显”。①

马克思主义认为，在复杂事物系统的发展过程中，有许多矛盾同时存在，其中，有一种主要矛盾居于支配地位，起着主导的、决定的作用，其余的矛盾处于次要的、从属的地位。十九大报告为我们指出了金融安全风险和国家安全风险，就是让我们抓住这两个主要矛盾，统筹国内国际两个大局，抵御来自国内外的各种风险，为“两个一百年”奋斗目标保驾护航。

---

① 习近平：《切实维护国家安全和社会安定　为实现奋斗目标营造良好社会环境》，《人民日报》2014 年 4 月 27 日。

三、如何增强驾驭风险本领

（一）增强驾驭风险本领需要坚持问题导向的原则

增强驾驭风险的能力，最重要的是要清楚我们党面临着哪些风险。通过问题导向，有的放矢地去增强相对应的驾驭风险的本领。坚持问题导向，精准施策是新时代我们党增强驾驭风险本领、提高执政能力的有效手段。

第一，针对来自国内的风险，我们党要科学研判中国经济社会发展面临的各种风险，有针对性地提出抵御风险、化解风险的方法。针对经济领域的风险，十九大报告中明确提出："必须坚持质量第一、效益优先，以供给侧结构性改革为主线，推动经济发展质量变革、效率变革、动力变革，提高全要素生产率，着力加快建设实体经济、科技创新、现代金融、人力资源协同发展的产业体系，着力构建市场机制有效、微观主体有活力、宏观调控有度的经济体制，不断增强我国经济创新力和竞争力"；针对政治领域的风险，十九大报告中提出："旗帜鲜明讲政治是我们党作为马克思主义政党的根本要求。党的政治建设是党的根本性建设，决定党的建设方向和效果。保证全党服从中央，坚持党中央权威和集中统一领导，是党的政治建设的首要任务。"同时提出全面增强执政本领，具体而言包括八个方面：学习本领、政治本领、创新本领、科学发展本领、依法执政本领、群众工作本领、狠抓落实本领和驾驭风险本领；针对意识形态领域的风险，十九大报告中提出从以下六个方面着手：“牢牢掌握意识形态工作领导权、培育和践行社会主义核心价值观、加强思想道德建设、强化社会责任意识、规则意识、奉献意识、繁荣发展社会主义文艺、推动文化事业和文化产业发展”；针对社会领域的风险，十九大报告中提出从以下七个方面着手：“优先发展教育事业、提高就业质量和人民收入水平、加强社会保障体系建设、坚决打赢脱贫攻坚战、实施健康中国战略、打造共建共治共享的社会治理格局、有效维护国家安全”；针对来自自然界的风险，十九大报告中提出从以下四个方面着手：“推进绿色发展、着力解决突出环境问题、加大生态系统保护力度、改革生态环境监管体制”。十九大报告高屋建瓴，统揽全局、气势磅礴、内涵丰富，深入学习领会十九大报告，会从中领悟到面对国内外各种风险的解决方案。

第二，针对来自国际的风险，早在 20 世纪 80 年代末、90 年代初，邓小平针对当时具体的时代背景，实事求是地提出了中国外交的“二十八字”方针：“冷静观察、稳住阵脚、沉着应付，韬光养晦，善于守拙，决不当头，有所作为”。目前，我国的外交策略更侧重于“有所作为”，在何时、何地、如何作为方面需要做好风险评估。对于来自中美关系的风险，中国积极探索中美新型大国关系，提出了以“不冲突不对抗，相互尊重，合作共赢”为主要内容的中美新型大国关系。“不冲突、不对抗”就是要客观理性地看待彼此战略意图，坚持做伙伴、不做对手；通过对话合作、非对抗冲突的方式，妥善处理矛盾和分歧。“相互尊重”是要尊重各自选择的社会制度和发展道路，尊重彼此核心利益和重大关切，求同存异，包容互鉴，共同进步。“合作共赢”要求双方摒弃零和思维，在追求自身利益时兼顾对方利益，在寻求自身发展时促进共同发展，不断深化利益交融格局。对于来自周边国家的风险，我国崛起需要一个和谐稳定的周边环境，这应该是一个共识，周边国家应该是我国崛起的战略依托，因此周边国家对中国崛起的重要性不言而喻。发展与周边国家的睦邻友好合作关系，妥善处理与周边国家的领土、领海争端、管控周边国家的热点问题、重视周边的非传统安全问题、理性对待美国在周边国家的影响力都是妥善应对来自周边国家风险的有效方法。对于非传统安全领域的风险，非传统安全问题具有国际化特点，一国之力难以解决，需要多国共同努力；非传统安全问题具有跨系统特点，一部门职能难以解决，需要国安委统筹领导；非传统安全问题具有突发性特点，一时之力难以解决，需要早做预案，提前演练。

当前，国际体系正处于重要转型期和深刻变革期，许多新变化前所未有，不少新问题出人意料。但所谓意料之外也必在情理之中，任何大的变革和转型背后都有其内生动力和必然规律。加强对国际热点问题研究，建立完善有效的国际问题风险评估制度也是十分必要的。

第三，针对金融安全风险和国家安全风险，我们党要高度重视特别应对。应对金融安全风险要把握四个基本原则："一是回归本源，服从服务于经济社会发展，避免金融脱实向虚和自我循环滋生、放大和扩散风险。二是优化结构，完善金融机构、金融市场、金融产品体系，夯实防控风险的微观基础。三是强化监管，提高防范化解金融风险能力，将金融风险对经济社会的冲击降至最低。四是市场导向，发挥市场在金融资源配置中的决定性作用，减少各种干预对市场机制的扭曲。"① 同时，对于银行业的信用风险、地方政府隐性债务风险和房地产领域风险要重点监管，严防从这些领域诱发系统性金融风险。应对国家安全风险，我国专门成立了国家安全委员会，由习近平总书记亲任主席。发挥好国家安全委员会的领导作用，统筹领导党和国家各职能部门更好地履行国家安全委员会的职能，完善国家安全委员会的组织结构、人员配置、制度安排等，重点针对政治安全、国土安全、军事安全、经济安全、文化安全、社会安全、科技安

① 周小川：《守住不发生系统性金融风险的底线》，《人民日报》2017年11月22日。

全、网络安全、生态安全、资源安全、核安全等十一个领域开展国家安全风险排查、监控、预防、处置。

（二）增强驾驭风险本领需要探索新时代风险管控制度

虽然风险具有客观性、不确定性、扩散性的特点，但是我们对此不能麻痹大意掉以轻心。同时，风险又具有可识性、可控性、可管性的特点，领导干部在风险面前不能束手无策坐以待毙，在实践中可以通过有效的手段去认知评估，可以构建各种有效的机制、机构去处置、管控风险。积极探索风险管控体制机制。

第一，加强风险评估管理体系研究。风险评估是运用一定的科学方法对风险整体水平进行预测和评价的活动，它主要包括风险评估指标体系、风险评估方法和风险评估模型三个部分。建立一套较为科学、完善的当代中国风险评估指标体系，能准确衡量中国现阶段风险的整体水平，动态反映我国经济社会发展的变化趋势，为政府部门制定风险管理决策、实施风险管控行为提供参考依据。虽然国内外关于风险评估管控的研究已经汗牛充栋，但是对于风险评估指标体系和风险评估模型等方面的研究依然不足，需要持续推进风险评估管控体系研究，尤其是在应用领域的研究。

第二，探索新时代风险评估管控制度。我国应对国内外各种风险的主要方式是通过领导干部亲自决断部署，召开部门联席会或现场办公会，多是应急性、临时性的处置，没有形成成熟有效的风险评估管理体制机制。积极探索关于我们党执政风险、国家安全风险、国家经济风险、意识形态风险、社会风险、生态安全风险等方面的评估管控制度势在必行。统筹规划设计关于国家总体风险评估管控制度、机构和人员才能够长期有效应对来自国内外各种风险。

第三，加强对领导干部驾驭风险本领的教育。“政治路线确定之后，干部就是决定的因素。”驾驭风险的任务越重，越要加强和改进干部的自身建设，越要不断提高领导和驾驭风险的能力，不断提高党的领导水平和执政水平。在全面建成小康社会的决胜阶段，各级领导干部是抵御国内外各种风险的主力军，以果敢、坚忍、苦干、实干的精神和高超的智慧，做驾驭风险的舵手，是时代赋予各级党员干部的责任和要求。但是，个别领导干部依然存在风险意识不强、责任心不强的现象，加强对领导干部驾驭风险本领教育是增强驾驭风险本领的主要方法。

（三）增强驾驭风险本领需要吸收借鉴西方发达国家的有益经验

自工业革命以来，欧美发达资本主义国家经历了多次全球经济危机、重构多次国际政治经济格局、两次世界大战、多次社会转型、发展模式转型。在识别、抵御、驾驭风险过程中积累了丰富经验。通过研究美国及其他发达国家如何实现经济发展，如何应对经济危机，如何实现经济转型可以给予我国在应对经济领域风险提供有益启示；研究美国及其他发达国家如何保持政治稳定、实现国家长治久安可以给予我国应对政治领域风险提供有益经验；研究苏联怎么在意识形态领域败给美国和美国如何在意识形态领域赢得苏联，可以给予我国应对意识形态领域风险提供有益经验；研究工业革命以来所发生的自然灾害，以及相关国家和国际组织如何救灾可以给予我国在应对自然界风险提供有益经验；研究英法之间的矛盾、英德之间的矛盾、美国如何取代英国成为世界霸主的历史经验可以给予我国在应对中美关系风险提供有益经验；通过研究美国在崛起过程中如何处理与美洲其他国家的关系，可以给予我国在应对与周边国家关系风险提供有益经验；通过研究美国在冷战后如何应对以恐怖主义为代表的非传统安全风险可以给予我国在处理非传统安全风险提供有益经验；研究美国及其他发达国家在经济危机前夕，金融领域的状况以及当时政府的应对措施和之后的反思可以为我们在应对金融领域的风险提供有益的经验和教训；研究美国及其他发达国家在维护国家安全方面的做法为我国在抵御国家安全领域风险提供有益的经验和教训。

在吸收借鉴西方发达国家的有益经验时，要“不忘本来、吸收外来、面向未来”，不能照搬照抄西方的教条主义、经验、模式；要立足中国国情，研究分析西方的经验是否适合中国的客观实际，是否有助于解决现实问题，不能觉得“外来和尚好念经”，西方的就是先进的；要科学分析西方经验是在什么样的历史条件下，针对什么样的问题，提出了哪些具体措施办法，哪些措施办法是确实有效的；不要粗枝大叶、囫囵吞枣、不负责任、不认真细致的学习借鉴。

总之，增强驾驭风险的本领，需要深刻认识到驾驭风险的重要意义，需要深入了解当前我们党和国家面临哪些国内外的风险和哪些风险是当前最为紧迫重要的，才能够有的放矢精准施策，有针对性地提高我们党驾驭风险的本领，为“两个一百年”奋斗目标的顺利实现保驾护航。

出 品 人：赵卜慧
总 策 划：胡孝文
责任编辑：陈侠仁　王世勇

图书在版编目（CIP）数据

新时代全面增强执政本领干部必读 /《新时代全面增强执政本领干部必读》编写组编 .-- 北京：研究出版社：人民出版社，2018.3

ISBN 978-7-5199-0266-7

Ⅰ.①新… Ⅱ.①新… Ⅲ.①中国共产党－执政－党的建设－研究 Ⅳ.①D25

中国版本图书馆 CIP 数据核字 (2017) 第 300639 号

新时代全面增强执政本领干部必读
XINSHIDAI QUANMIAN ZENGQIANG ZHIZHENG BENLING GANBU BI DU
本书编写组　编

人民出版社 研究出版社 出版发行
（100706　北京市东城区隆福寺街 99 号）

涿州市星河印刷有限公司印刷　新华书店经销

2018 年 3 月第 1 版　2018 年 3 月北京第 1 次印刷
开本：710 毫米 ×1000 毫米 1/16　印张：13.25
字数：120 千字　印数：00,001—10,000 册

ISBN 978－7－5199－0266－7　定价：46.00 元

邮购地址 100706　北京市东城区隆福寺街 99 号
人民东方图书销售中心　电话（010）65250042　65289539